本报告受北方工业大学"毓杰人才培养计划项目"（项目号 ）与山西省品牌研究会"山西省品牌资源状况调研项目"资助完成

山西省品牌资源与发展状况调查报告

（2021—2022）

周 云　田德生　李晓婉　蔡华利　主编

企业管理出版社
ENTERPRISE MANAGEMENT PUBLISHING HOUSE

图书在版编目（CIP）数据

山西省品牌资源与发展状况调查报告.2021—2022／周云等主编.--北京：企业管理出版社，2023.12
ISBN 978-7-5164-2512-1

Ⅰ.①山… Ⅱ.①周… Ⅲ.①品牌—调查报告—山西—2021-2022 Ⅳ.① F279.272.5

中国国家版本馆 CIP 数据核字（2023）第 009716 号

书　　名	山西省品牌资源与发展状况调查报告（2021—2022）
书　　号	ISBN 978-7-5164-2512-1
作　　者	周　云　　田德生　　李晓婉　　蔡华利
选题策划	周灵均
责任编辑	张　羿　　周灵均
出版发行	企业管理出版社
经　　销	新华书店
地　　址	北京市海淀区紫竹院南路 17 号　　邮　编：100048
网　　址	http://www.emph.cn　　电子信箱：26814134@qq.com
电　　话	编辑部　（010）68456991　　发行部（010）68701816
印　　刷	北京厚诚则铭印刷科技有限公司
版　　次	2023 年 12 月第 1 版
印　　次	2023 年 12 月第 1 次印刷
开　　本	710mm×1000mm　　1/16
印　　张	13
字　　数	180 千字
定　　价	75.00 元

版权所有　翻印必究·印装有误　负责调换

山西省品牌资源与发展状况调查报告
（2021—2022）
课题组

总顾问 祝合良　郭小中

主　编 周　云　田德生　李晓婉　蔡华利

副主编 赵瑞琴　郭　晶　乔志军　姜瑞雪

参　编 晨　钟　陆　路　田　甘　王　剑

　　　　　关冠军　李园园　康　键　吴　芳

　　　　　谢朝阳　宋　钰　王丽影　王春艳

　　　　　李　征　张卫国　赵浩森　马　越

　　　　　廉世彬　张　达　吴　敏　吴辉明

　　　　　王　皓　刘兴坤　陈天鹤　王　磊

　　　　　尚会英　朱嫣婷　张一凡　卫星凯

　　　　　韩　晴　方钰滢　张之烁　赵瑞芳

序

品牌是国家核心竞争力的表现，代表着国家的信誉和形象。品牌建设是实现消费结构不断升级、适应把握引领新常态、提高经济发展质量和效益的重要抓手。

习近平总书记在2014年提出的"三个转变"指明了提升经济发展质量效益的前进方向和实现路径，廓清了建设质量强国的宏大目标和具体要求。各级政府充分发挥品牌带动作用，大力实施品牌发展战略，推动全社会加强品牌建设。

近年来，山西省的品牌建设取得了一定成效，但仍滞后于本省经济发展，对经济的引领作用有待进一步提升。发展和促进山西省的品牌建设，首先应该开展品牌资源现状的研究分析，从而为寻找山西省品牌建设路径提供遵循。

山西省品牌门类众多，资源丰富，本报告是首部对山西省品牌资源进行系统分析的报告，其中所分析的品牌是从山西省知名的老字号企业当中优选推荐而来的、最能代表山西省商业历史与文化的一批品牌。之后还将陆续对山西省地理标志品牌、区域品牌、农业品牌、工业品牌等各个门类的品牌进行系统完整的调研，摸清楚山西省品牌资源的家底。

本报告依据国家标准《品牌评价 消费者感知测量指南》（GB/T 39071—2020）对 54 个山西省品牌的质量状况进行深度定量分析，形成对山西省品牌整体发展状况的具体分析结论，并提出建设性意见。

《山西省品牌资源与发展状况调查报告（2021—2022）》的出版，旨在为未来山西省的品牌建设提供一定的参考依据，为政府部门制定山西省品牌政策提供决策参考。

周云

2022 年 12 月

前　言

《山西省品牌资源与发展状况调查报告（2021—2022）》是北方工业大学经济管理学院、山西省品牌研究会和北京卓闻数据科技有限公司（以下简称"卓闻数据"）合作，对山西省老字号品牌资源进行的一次全面、系统的普查。研究报告依据国家标准《品牌评价　消费者感知测量指南》（GB/T 39071—2020），借助卓闻数据开发的"填呗"线上调研工具获得一手数据，对88个山西省老字号品牌进行大规模样本采集，获取有效问卷123200份。本调研报告分析其中的54个老字号品牌，包括10个全国调研品牌、42个山西省内调研品牌和2个特殊类型的品牌。

调研的品牌种类丰富，有如杏花村汾酒、冠云牛肉、老鼠窟、刘老醯儿、宝源老醋坊等老字号品牌，也有云冈、太钢等地理名称和现代工业等代表性品牌；同时研究报告按照面向全国调研和面向山西省内调研将品牌分为两大类，依影响力大小选取代表性品牌展开个案分析。

本报告共包含三大部分内容，各部分的内容及逻辑关系如下。

第一部分为"研究报告总论篇"，包括第一章、第二章、第三章的全部内容。第一章详细说明了本研究报告的立项背景和研究意义，介绍了相关概念。第二章阐明了本报告的理论基础，阐述了关键评价指标品牌知名度、品牌认知度、品牌美誉度及品牌忠诚度的核心内容和计算过程。第三章说明了调研数据的收集过程，所使用的调研工具以及数据收集前、收集中、收集后的质量检测和控制的方式方法，以保障研究结果的可信度。这一部分是本研究报告的基础部分，是报告所持的学术立场、所选用的方法、评估框架和思路的总介绍，以及此次研究所要达到的研究目的及研究程度、研究成果的总介绍。

第二部分为"山西品牌资源的个案分析篇"，包括第四章、第五章、第六章的全部内容。第四章为"山西品牌资源全国数据个案分析"，涉及品牌有杏花村汾酒、冠云牛肉、晋泉、六味斋、益源庆、东湖、老鼠窟、古灯、双合成、广誉远共10个中华老字号品牌。第五章为"山西品牌资源省内数据个案分析"，涉及品牌有宝丰裕、太原并州饭店、梨花春、认一力、宝聚源、白鸽、晋升、晋韵堂、孙记包子、胡氏荣茶、顺天立、刘老醯儿、喜蓉等42个品牌。第六章为"山西品牌资源特殊类型品牌个案分析"，对代表性地理名称云冈品牌以及代表性现代工业太钢品牌进行深入分析。这一部分是本报告的核心部分。

第三部分为"总体评价篇"，包括第七章、第八章、第九章的全部内容。首先对调研数据进行初步整理统计，然后依据理论体系进行分析；在对山西省的老字号品牌资源做出总体评价以及对数据进行深入挖掘后，对产业发展趋势做出预测和分析。这一部分是本报告研究结论的总结部分。

本报告受北方工业大学的资金支持，由卓闻数据品牌团队牵头，与山西省品牌研究会协作共同完成。

本报告对山西省老字号品牌资源整体状况的分析具有代表性，可以用于企业的品牌决策分析以及相关管理部门决策的参考依据。本报告从2021年9月立项至2022年12月初稿完成，用时一年多，报告中难免有疏漏，欢迎广大读者指正并联系我们。让我们共同研究，一起进步。

感谢悉心阅读并指正。

《山西省品牌资源与发展状况调查报告（2021—2022）》

课题组

2022年12月

目 录

第一部分 研究报告总论篇 1

第一章 总 论 3
第一节 概述 4
第二节 有关概念 5

第二章 本报告的理论基础 9
第一节 评价指标阐述 11
第二节 指标的阈值及其性质的判定 18

第三章 调研数据收集过程 29
第一节 调研数据准备工作 30
第二节 调研数据收集工作 31
第三节 调研数据的质量保障措施 32

第二部分　山西品牌资源的个案分析篇 35

第四章　山西品牌资源全国数据个案分析 37
- 第一节　杏花村汾酒 38
- 第二节　冠云牛肉 40
- 第三节　晋泉 43
- 第四节　六味斋 46
- 第五节　益源庆 48
- 第六节　东湖 51
- 第七节　老鼠窟 54
- 第八节　古灯 56
- 第九节　双合成 59
- 第十节　广誉远 61

第五章　山西品牌资源省内数据个案分析 65
- 第一节　宝丰裕 66
- 第二节　太原并州饭店 68
- 第三节　梨花春 71
- 第四节　认一力 73
- 第五节　宝聚源 76
- 第六节　白鸽 78
- 第七节　晋升 81
- 第八节　晋韵堂 83

第九节　孙记包子 …………………………………………85

第十节　胡氏荣茶 …………………………………………87

第十一节　顺天立 …………………………………………90

第十二节　刘老醯儿 ………………………………………92

第十三节　喜蓉 ……………………………………………94

第十四节　恒宗 ……………………………………………96

第十五节　潞牌 ……………………………………………98

第十六节　晋味美 …………………………………………100

第十七节　复盛公 …………………………………………103

第十八节　晋砖世家 ………………………………………105

第十九节　林香斋 …………………………………………107

第二十节　晋善晋美集贤酒堡 ……………………………109

第二十一节　乔家窑 ………………………………………111

第二十二节　八义陶瓷 ……………………………………114

第二十三节　益泰永 ………………………………………116

第二十四节　牖见斋 ………………………………………118

第二十五节　竹叶青 ………………………………………120

第二十六节　羊羔 …………………………………………123

第二十七节　长祥圆 ………………………………………125

第二十八节　宝源老醋坊 …………………………………127

第二十九节　汾阳王 ………………………………………129

第三十节　福同惠 ·· 132

第三十一节　泰山庙 ·· 134

第三十二节　晋唐 ·· 136

第三十三节　颐寿 ·· 138

第三十四节　老香村 ·· 140

第三十五节　云青 ·· 142

第三十六节　龙筋 ·· 145

第三十七节　乾和祥 ·· 147

第三十八节　赵氏四味坊 ·· 149

第三十九节　来福 ·· 151

第四十节　郭国芳 ·· 153

第四十一节　荣欣堂 ·· 156

第四十二节　清和元 ·· 158

第六章　山西品牌资源特殊类型品牌个案分析 ·················· 161
　第一节　云冈 ··· 162

　第二节　太钢 ··· 164

第三部分　总体评价篇 ··· 167

第七章　全国调研品牌的各项指标汇总、排序及解读 ············ 169
第一节　指标汇总 ·· 170
第二节　各项指标的排序及初步解读 ····································· 171

第八章　山西省内调研品牌的各项指标汇总、排序及解读 ······ 175
第一节　指标汇总 ·· 176
第二节　各项指标的排序及初步解读 ····································· 178

第九章　共性问题及解读 ··· 181
第一节　基础指标的共性问题解读 ··· 182
第二节　全国数据品牌的共性问题解读 ·································· 184
第三节　山西省内数据品牌的共性问题解读 ··························· 185
第四节　特殊品类品牌的共性问题解读 ·································· 187

概要述评 ··· 189

结束语 ··· 191

第一部分　研究报告总论篇

第一章

总 论

第一节　概述

一、立项背景

2021—2022年，国内的主要关键词依然是"疫情"和"数字化"，疫情影响着山西省各行各业的经营，而数字化更是深刻地改变着每一个行业。

为应对疫情的影响以及由数字经济的发展带来的新产业、新技术等的冲击，山西省企业需要大幅调整思路，做出必要的改变，更新商业运营模式，利用先进的经营工具探索出符合自身发展的运营模式以融入新兴业态的发展洪流，这就需要对全省品牌资源做全面的科学评价。

山西老字号品牌是山西省宝贵的品牌资源，在对山西省拥有的品牌进行全面摸底后，对山西老字号品牌进行全面梳理与评价，并完成了评价项目报告。山西老字号品牌是山西优秀品牌的代表，也是山西省内消费者耳熟能详的品牌，我们需要了解这些品牌在其他省份是否也家喻户晓，省外消费者是怎样看待山西老字号品牌的，对这些问题的探究就是本报告的立项背景与缘由。

二、研究意义

自新冠疫情开始，山西省企业遭遇了非常严峻的考验；与此同时，数字化方兴未艾，深刻地改变着企业的经营环境。在此背景下，对山西省品牌的整体状况展开研究、进行深度调整十分迫切，由山西省商务厅立项开展的"山西省品牌发展状况与价值测算"项目的研究活动也就显得十分必要。

《山西省品牌资源与发展状况调查报告（2021—2022）》是这一项目的结题报告部分，本报告具有非常重要的现实意义，对于山西省的品牌企业来说是重要的经营参考资料；同时本报告是应用国家标准《品牌评价 消费者感知测量指南》（GB/T 39071—2020）来进行分析评测的，对于山西全省品牌的评测有着积极的理论探索意义。

《山西省品牌资源与发展状况调查报告（2021—2022）》通过对100多个代表性较强的山西省品牌在国内市场发展状况的研究，形成对山西省品牌整体发展状况的具体认知，并选择其中54个品牌的数据与评价形成项目结题报告公开发表。本报告即公开发表的结题报告部分。

第二节　有关概念

一、山西省品牌资源的概念

山西品牌特指在山西省内注册的企业，其经营总部及主要生产部门、品牌管理部门设在山西省内，其拥有的注册商标在长期经营中获得了较高知名度、美誉度等指标后形成的品牌。

这些品牌是山西经济的宝贵资源，共同形成了省内外消费者对山西省生产经营的印象，为山西省赢得了商誉，共同形成了山西省品牌资源的概念。

本次调研是山西省进行的第一次品牌资源调查，选取调研对象的条件略宽松，对个别虽然总部在省外，或商标注册地在省外，但主要经营在山西，产品产地长期标注山西，大部分省外消费者认为原产地为山西的品牌，也一并进行了调研。

二、调研对象

本次调研选择的调研对象是山西省商务厅推荐报送而来的品牌，共分为三类，名单如下。

（1）全国调研品牌，包括杏花村汾酒、冠云牛肉、晋泉、六味斋、益源庆、东湖、老鼠窟、古灯、双合成、广誉远。

（2）山西省内调研品牌，包括宝丰裕、太原并州饭店、梨花春、认一力、宝聚源、白鸽、晋升、晋韵堂、孙记包子、胡氏荣茶、顺天立、刘老醯儿、喜蓉、恒宗、潞牌、晋味美、复盛公、晋砖世家、林香斋、晋善晋美集贤酒堡、乔家窑、八义陶瓷、益泰永、牖见斋、竹叶青、羊羔、长祥圆、宝源老醋坊、汾阳王、福同惠、泰山庙、晋唐、颐寿、老香村、云青、龙筋、乾和祥、赵氏四味坊、来福、郭国芳、荣欣堂、清和元。

（3）特殊类型品牌，包括地理名称品牌云冈、现代工业品牌太钢。

三、报告结构

本次调研涉及的品牌类型和行业众多，按照影响力分为全国性品牌与区域性品牌，有百年以上的中华老字号品牌，也有发展不过十几年的新品牌。企业属性也比较复杂，有的属于国有企业，有的属于民营企业，还有少数属于自愿连锁性质的品牌。

在这些品牌当中，地理标志和老字号品牌是中国商业文明的瑰宝，所属行业在国内都属于市场化程度较高的行业，行业中没有垄断型企业，干扰因素少，适合品牌的发展，集中产生了一批优秀的自主品牌。

本研究报告的品牌数据分析部分结构如下：首先，按照全国与区域对品牌进行划分，对山西省 10 个品牌进行了全国调研，并选择代表性品牌进行系统的个案分析。其次，对 42 个品牌只进行山西省内调研，依据调研数据进行测算与深入分析。最后，对特殊类型品牌进行筛选，选择 2 个代表性品牌进行深入分析。

四、数据来源说明

本研究报告的品牌数据来源于以下几个方面。

首先，调研问卷是严格参照国家标准《品牌评价 消费者感知测量指南》（GB/T 39071—2020）的问卷模板进行设计，并反复试调，最终确认能够准确反映山西品牌的信息。

其次，本次调研品牌数据全部由北京卓闻数据科技有限公司旗下的调研平台填呗App协助收集完成。填呗App是专门用于消费者研究的在线调研平台，拥有充足数量的可靠固定样本库，并应用多项问卷质量控制检测技术，以确保调研数据的客观性、准确性。

最后，指标的计算由北方工业大学品牌团队进行，由填呗获取的调研原始问卷经过数据清洗、系统统计、模块化计算，最终获得每个品牌的知名度、认知度、美誉度、忠诚度及品牌信息总量，并加以定量分析。

填呗App提供真实注册用户，所有数据皆可追溯到原始数据。本报告完全能够保证数据的真实性和有效性。

第二章

本报告的理论基础

本报告调查研究的理论基础为已正式发布的国家标准《品牌评价　消费者感知测量指南》（GB/T 39071—2020）。课题组根据山西省品牌的特点设计出一套完整的品牌质量评估标准体系，其中既包括各个品牌的知名度、认知度、美誉度、忠诚度等基础指标，也包括品牌信息总量估值等评价指标，是一套前沿的品牌定量分析理论和诊断技术。

该指标体系的基本思想为量价法原理，从品牌的本质属性开始，确定品牌的度量单位，然后逐一对品牌质量指标进行量化设计，并将所有指标转换为品牌量的度量。具体分析中，对任一品牌进行度量时均遵循这一基本思路，并在此指标体系指导下对任一品牌进行各个指标的度量，然后依据上述方法将确定的指标转换为品牌量，最终形成品牌的质量值。该体系使用 11 个参系数，确定 4 项基础指标，每个指标均是可以量化且易于得到的，可操作性极强。

本报告在实践中主要运用于两个方面：其一，应用于品牌管理工作。因为它是对品牌质量的精确度量，其中的量化指标以及对品牌量的度量会随时反映品牌管理工作中的某项措施或政策的效果，因而能够依据这一指标体系校正品牌管理工作和决策。其二，作为品牌交易价格的参考依据应用在品牌交易过程中。尽管决定价格的主要因素是供需关系，但价格不会完全背离价值，该体系的依据，即《品牌评价　消费者感知测量指南》（GB/T 39071—2020）的品牌质量评估体系是对品牌量的精确度量方法，加之行业平均价格之后就可以转化为品牌资产的评估，所度量的结果就是品牌价值，成为决定品牌交易价格的依据之一。

此外，品牌质量评估体系的每个指标均在品牌的度量中有确切的位置和换算方式，从最终得出的品牌质量数据中可以很容易地分析出一个品牌存在的优势和出现的问题，通过对品牌的深入了解还可以找到这些问题形成的原因。

需要注意的是，该体系的指标只适用于一般意义上的品牌，不涉及形象、文化、传统等因素。只要是泛指的、经营工具使用的品牌无形资产均可使用该体系确定其质量。

第一节　评价指标阐述

本报告依据国家标准对备评品牌进行调研、测算、评价，所用到的关键指标均来自《品牌评价　消费者感知测量指南》（GB/T 39071—2020）。本节首先对品牌知名度、品牌认知度、品牌美誉度及品牌忠诚度关键指标及其测算过程进行阐述。

一、品牌知名度的概念及测算

品牌知名度是受众对某品牌知晓程度的度量指标，即受众当中有多少人知晓该品牌。如换成该品牌的全国知名度，则意指全国消费者对该品牌的知晓程度。品牌知名度既可以是"某地区的知名度"，也可以是"20～30岁男性消费者的知名度"，知名度一定是以某个区域或某类细分受众为前提。

本报告所提及的品牌知名度是受众对某品牌知晓程度的度量指标，即受众当中知晓特定品牌的人数与受众总人数的比率。它是一个总体概念指标，无单位的比率（百分比）表达。品牌知名度的测算过程如下。

第 i 层样本的品牌知名度即

$$Z_i = \frac{j_i}{q_i} \times 100\%$$

合并分层，该品牌的品牌知名度的测量公式为

$$Z = \sum_{i=1}^{n} \frac{q_i}{Q} \times \frac{j_i}{q_i} \times 100\% = \frac{1}{Q} \sum_{i=1}^{n} j_i \times 100\%$$

式中：

Z——品牌知名度；

Z_i——第 i 层样本的品牌知名度；

j_i——第 i 层样本中知晓品牌的消费者人数；

q_i——第 i 层样本的消费者人数；

Q——消费者总人数。

二、品牌认知度的概念及测算

认知度来自五星模型中品牌知名度的最低层次品牌认知层次和质量感知概念的结合，借鉴前人对品牌发展这一阶段的理解，将该指标的内涵重新设计为"品牌认知度是受众对品牌的知识、内涵以及其他信息的深入认识程度"。

在知晓的基础上，对已知晓某特定品牌名称的受众进行认知度调查，主要考察受众对品牌的深入认知，其考察次序为该品牌的原产地、主要产品、行销行业、LOGO辨识和品牌个性、品牌价值观等（后文会详细说明），以判断消费者对该品牌的认知程度。

五星模型中的品牌认知是品牌知名度的最低层次，是指消费者曾经接触过某品牌，它反映了消费者从过去对品牌的接触中产生出一种熟悉感。消费者认知某品牌，并不一定记得曾在某地接触过该品牌，也不一定能够说出该品牌与其他品牌有何不同，是何种产品类别的品牌，它只表明消费者曾经接触过该品牌。感知质量则是消费者根据预期的目的和相关选择对产品或服务的整体质量或优越性的一种感知，类似于品牌体

验的概念，它是消费者对品牌质量的一种概括性的、总体性的感知。

五星模型中的知名度品牌认知层次和感知质量所描述的现象是一样的，只是程度有所不同，是可以归结在一个品牌认知度的概念。

品牌认知度的概念在品牌传播实践中可以这样理解：受众仅是知道某品牌的名称是远远不够的。例如，两个消费者都知道某特定品牌的名称，但认知程度也可能不一样：其中一个只是听说过该品牌的名称而已；而另一个不仅知道品牌名称，而且记得住该品牌的广告，甚至能够辨识品牌的 LOGO，了解品牌的个性和价值观。虽然在知名度的范围内这两个人是一样的，但认知程度的不同决定了他们对该品牌的认知差异很大。

测算某品牌认知度时首先要将问卷的多个问题划分为若干等距层次，由低至高是消费者对该品牌的认知逐层增加的过程，其中某消费者达到任意一个程度表示为 X_{ir}。通过对 n_i 个消费者所组成的目标市场进行抽样调查可以估算出整个目标市场的平均认知度，用 $\overline{R}$ 表示，品牌平均认知度即为品牌认知度，具体计算过程如下。

第 i 层样本的品牌平均认知度即

$$\overline{r}_i = \frac{1}{j_i} \sum_{i=1}^{j} X_{ir} \times 100\%$$

合并分层，该品牌的品牌平均认知度的测量公式为

$$\overline{R} = \frac{1}{Q} \sum_{i=1}^{n} q_i \times \overline{r}_i$$

式中：

$\overline{r}_i$——第 i 层样本的品牌平均认知度；

j_i——第 i 层样本中知晓品牌的消费者人数；

X_{ir}——第 i 层样本中某消费者达到任意一个认知程度；

$\overline{R}$——该品牌的平均认知度；

Q——消费者总人数；

q_i——第 i 层样本的消费者人数。

三、品牌美誉度的概念及测算

品牌美誉度（Brand favorite）是指品牌获得来自消费者的赞许、推荐，但美誉度不是指某个消费者对品牌的赞许程度，一个消费者对某品牌的偏爱程度并不是品牌美誉度的含义，品牌美誉度的核心内涵是消费者当中有多少是来自消费者的相互影响。

品牌美誉度强调消费者在使用了该品牌的产品或服务后所产生的体验，更多的是与产品自身质量和品牌形象相关，质量好、形象好的产品通常能够得到比较多的赞许。此外，还有品牌内涵对消费者的影响。总的来看，品牌美誉度能否形成主要取决于品牌是否获得了消费者的认可，因此可以认为，认知度是美誉度形成的基础，但即使消费者对品牌有充分的认知，品牌也不一定能够获得相应的美誉度。

品牌美誉度的内涵一般由自我传播的概念来代替。自我传播简称"自传播"，俗称"口碑"，是指在没有任何商业费用支持的情况下，品牌依然能够在消费者和媒体中广泛传播。美誉度的测算实质是对品牌自传播能力的测算，在实务中需要精确地了解消费者的购买动机中来自消费者之间相互影响的程度，一般使用排他问卷的形式，将受到广告、促销、渠道等与直接营销目的有关的购买动机影响的消费者剔除，剩余的消费者约等于受到消费者之间相互影响的口碑消费者，其所占比例即为品牌美誉度。

品牌美誉度是品牌创建的关键，能否被称为品牌就是看该商标是否获得了相当程度的美誉度。品牌美誉度与品牌认知度之间确实存在较强的相关关系，一般来说美誉度的形成是需要一定的认知度作为基础的。

厂商经过努力使品牌获得较高知名度和认知度是有可能的，但能否形成美誉度就不完全取决于厂商的努力了。品牌自身、消费者的成熟程度、市场机遇等都是品牌美誉度形成的必要条件。美誉度一旦形成，该品牌创建即告成功，该商标即成为一般意义上的品牌。此时的品牌不需要再像在创建阶段那样为知名度负担高额的传播成本，即使将广告全部停播，品牌也会在消费者之间广泛传播。达到一定美誉度的品牌，继续使用广告产生的效益会很低，厂商只需要少量提示即可。

品牌美誉度指标的测算过程如下。

第 i 层样本的品牌美誉度即

$$a_i = \frac{x_i}{j_i} \times 100\%$$

合并分层，该品牌的品牌美誉度的测量公式为

$$a = \sum_{i=1}^{n} \frac{q_i}{Q} \times \frac{x_i}{j_i} \times 100\%$$
$$= \frac{1}{Q} \sum_{i=1}^{n} \frac{q_i \times x_i}{j_i} \times 100\%$$

式中：

a —— 品牌美誉度；

a_i —— 第 i 层样本的品牌美誉度；

x_i —— 第 i 层样本中的自传播者人数（接受过推荐并有过向其他消费者推荐行为的消费者数量）；

j_i —— 第 i 层样本中知晓品牌的消费者人数；

Q —— 消费者总人数；

q_i —— 第 i 层样本的消费者人数。

四、品牌忠诚度的概念及测算

品牌忠诚（Brand loyalty）是指消费者在购买决策中表现出来对某个品牌有偏向性的（而非随意的）行为反应。它是一种行为过程，也是一种心理（决策和评估）过程。简单地说，品牌忠诚是指消费者的消费偏好或消费习惯与某品牌长期保持一致且是持续的，即该消费者对这个品牌具有了品牌忠诚的行为，在《消费者行为学》一书中将品牌忠诚度理解为重复购买率。

品牌忠诚不同于人与人之间感情的忠诚，它不特指品牌与消费者之间具有了情感上的相互依赖，而仅是描述消费者的消费习惯和偏好。因此，在品牌忠诚度指标中不考虑消费者对某品牌在情感上的依赖，只考虑其行为上的结果。品牌忠诚度对一个品牌的生存与发展极其重要，一定的品牌忠诚度能够体现出该品牌对销售的支撑作用，能够提高品牌抗风险的能力，使品牌保持长久的生命力，它是一个品牌能够发挥时效性作用的体现。

在实务中，品牌忠诚者是指连续购买次数超过这个行业的平均重复购买率的消费者。因此，品牌忠诚度是在特定样本下，品牌忠诚者占消费者数目的比例，其计算过程如下。

第 i 层的样本中有 E_i 个消费者购买过该品牌的产品，有 F_i 个消费者符合品牌忠诚者的条件，该品牌在第一个样本中的忠诚度即为

$$l_i = \frac{F_i}{E_i} \times 100\%$$

合并分层，该品牌的品牌忠诚度的测量公式为

$$L = \sum_{i=1}^{n} \frac{q_i}{Q} \times \frac{F_i}{E_i} \times 100\%$$

$$= \frac{1}{Q} \sum_{i=1}^{n} \frac{q_i \times F_i}{E_i} \times 100\%$$

式中：

L——品牌忠诚度；

l_i——第 i 层样本的品牌忠诚度；

E_i——第 i 层样本的消费者中购买过该品牌产品的消费者人数；

F_i——E_i 个消费者样本中符合品牌忠诚者条件的消费者人数；

Q——消费者总人数；

q_i——第 i 层样本的消费者人数。

五、品牌信息总量的概念及测算

除了上述四个评价指标之外，本报告还计算了品牌信息总量，为系统评价品牌做了充分的准备。品牌的本质是信息，与其他本质为信息的事物类似，品牌信息量的单位是组成信息的最小单位比特。品牌信息量的分析思路，首先，品牌对于企业经营的作用是多方面的，但总体来说可以简化为两个方面：一是对外部的影响，即市场竞争力，这是品牌作为营销工具最直接的作用表现，换言之，是品牌对于消费者和潜在消费者的影响力；二是对内部的影响，即品牌对组织内部员工所产生的影响力，这可以通过对有品牌的企业和无品牌的企业，其员工在遵循可比性原则的基础上对待如工资下降等变化情况的容忍程度的比较反映出来。其次，品牌度量框架的构建是基于上述对内和对外两个部分共同作用的关系展开分析的，即品牌量由品牌影响力决定，由外部影响力和内部影响力共同作用决定，因此构建品牌度量框架的基本步骤，即分析品牌量变化的基本规律，并由此判断外部影响力和内部影响力的关系以及品牌量的主要性质，如此才可构建整个度量框架和计量模型的基本形式。

品牌信息量是通过对消费者和潜在消费者及企业内部员工进行大面积调研，获得完整的品牌经营指标后，依据品牌信息量计算模型计算而得，是品牌信息度量的综合数据之一。

实务中，在对品牌信息量计算精度要求不高的情况下，为简化计算，便于操作，在不考虑品牌延伸与时效性问题的前提下，品牌信息量计算理论模型简化为单一品牌在特定行业的某时刻信息量计算简化公式，即

$$Q_E = \left[S \times Z + (R_{max} - 1) \times \overline{R} \times Z \times S \right] \times N_Z^{\frac{a-\overline{a}}{\overline{a}}}$$

式中：

S——消费者人群总数；

Z——品牌知名度；

R_{max}——消费者完全知道一个品牌所要传播的信息量的极值；

$\overline{R}$——品牌平均认知度；

a——品牌美誉度，取值范围为 [−1, 1]；

$\overline{a}$——行业的平均美誉度，取值范围为 [0, 1]；

N_Z——调整系数（指数函数中的底数）。

式中只有品牌知名度、品牌认知度和品牌美誉度三个变量，消费者人群总数、信息量极值、行业平均美誉度和调整系数四个参数需要提前确定。这四个参数均与该品牌所在的行业有关，从这一点上也反映出一个品牌的价值和影响力与它所处的行业有极大的关系。

第二节　指标的阈值及其性质的判定

一、品牌知名度的有效范围

一个企业的商标在获取极高的品牌知名度的过程中要经历5个关键点、6个性质迥异的阶段，品牌在每个阶段的作用也都是不同的。这些关

第二章 本报告的理论基础

键点的测定与上述对品牌知名度有效阈值的测定方法基本类似,都是以50%的消费者对品牌下一阶段性质能够感知为绝对阈限。关键点之间称为"品牌阈值范围",代表了某个知名度阈值范围内不同的品牌具有相同的作用和性质,且表现相近。

(1) $Z \leqslant 4.69\%$。

品牌知名度长期处于4.69%之下的商标,应该是企业没有为获得品牌知名度做过专门的努力,之所以有少许品牌知名度是因为在营销过程中消费者通过产品体验会自然获取一定的知晓,这一品牌知名度几乎没有任何影响力,对消费者产生的影响微乎其微,甚至都不能成为营销使用的工具,企业可能仍处于追求销售数量的阶段,营销依然需要依靠渠道、产品、价格等非品牌性的营销工具。此阶段的品牌知名度性质和作用极其微弱。

因为品牌知名度是相对范围的知名度,在确定品牌知名度性质的时候一定要前缀具体范围。一个很小区域内的品牌,在该区域内的知名度很高,但放置于较大区域的时候其知名度就很小,对全国而言可能就微乎其微了。

大部分老字号品牌具有很强的地域性,在所在地区的知名度很高;但使用和购买该品牌产品的消费者往往集中在品牌所在地区,其他地区消费者对该品牌知之甚少,放置于全国品牌知名度就很低。例如,便宜坊在北京地区的品牌知名度达到38.13%,在当地很有名;但除北京外的其他地区的消费者对其很陌生,其全国品牌知名度仅为1.30%。可以说,该品牌在北京获得了较高的知名度,但于全国范围而言,该品牌知名度很小,影响力微乎其微,是个典型的区域性品牌。

(2) $4.69\% < Z \leqslant 16.13\%$。

品牌知名度的第一个关键点是4.69%左右。当品牌知名度突破4.69%之后,商标的性质开始发生变化,品牌知名度处在4.69%~16.13%的商标一般都是企业专门做过获取品牌知名度的努力，这一阶段的品牌知名度很难自然获得，俨然商标进入了成为名牌的过程，企业在进行获取品牌的努力；但仅靠知名度使商标成为品牌是远远不够的，商标成为品牌的关键是获得一定的美誉度，品牌知名度只是品牌美誉度之前的一个过程。

品牌知名度在这一阶段的性质为有用的竞争工具，对营销能起到明显的促进作用，超过半数的消费者有进一步认知品牌的意愿，也表现出同类产品购买的偏好；但这一偏好表现得还很微弱，仅限于在同质同价、近似包装的选择中出现较为明显的偏好，对异质异价甚至风格不同的同类产品的影响并不明显，应该说此阶段的品牌知名度对营销的作用仍是有限的。

当商标获得了4.69%以上的知名度时，即可称之为"名牌"，意为"有一定知名度的牌子"，这个"牌子"指的是商标，具有一定知名度的"牌子"就开始对营销产生一定的作用了，此时的商标成为一种营销工具。

(3) $16.13\% < Z \leq 37.50\%$。

品牌知名度的第二个关键点是16.13%。这个关键点意味着当品牌知名度达到16.13%时，半数消费者对其已有较深的认知，表现出对异质异价甚至是风格不同的同类产品都有明显的购买意愿，形成了品牌偏好。

当商标的知名度突破了16.13%之后，开始出现大范围的消费者认知，有相当部分的消费者对产品和企业及品牌内涵等信息具有较深的理解和认知，可以说此时的商标具有了良好的消费者知晓基础，开始出现深度认知。这一阶段品牌知名度的增加是伴随品牌认知度、品牌美誉度增长的，品牌对营销的促进作用较为明显。

(4) $37.50\% < Z \leq 61.80\%$。

品牌知名度的第三个关键点是37.50%左右。这一关键点表现为半数以上的消费者表示对品牌非常熟悉，不仅认知程度深，而且能够辨识其LOGO，能够大致描述广告内容、品牌内涵或产品风格，产生了明显的消费者区隔，若有相应的品牌认知度，该品牌一般会具有一定的联想度，使品牌延伸成为可能。

此时的品牌具有了对消费者选择偏好的影响力，其性质为有用的竞争工具，在竞争中的作用明显。

(5) $61.80\% < Z \leqslant 84.45\%$。

品牌知名度的第四个关键点是61.80%左右。品牌知名度达到61.80%及以上的品牌可以称之为"高知名度品牌"，具有了充分的消费者认知和联想的基础，若有充分的认知度基础，则极有可能产生自传播现象。半数以上的消费者表现出明显的选择偏好，在无提示情境下同类产品的购买选择中，半数以上的消费者会把这一阶段知名度的品牌作为主要选项。

此时品牌具有的知名度已经饱和，主要以提示型方式作为传播内容的主要方式，以维持知名度为目的，品牌管理的重心可以放在公共关系活动等促进品牌美誉度形成和发展的内容上，广告类活动的密度可以逐步减小，无须过多投入精力。

(6) $84.45\% < Z \leqslant 100.00\%$。

品牌知名度的第五个关键点是84.45%左右。品牌知名度达到84.45%及以上的品牌已成为大众耳熟能详的品牌。此时该品牌在行业内颇具影响力，超过半数的消费者对其广告或品牌内涵非常熟悉。

知名度处于此范围内的品牌若有充分的美誉度支撑，一般都有较高的忠诚度，意味着该品牌具有很强的抗风险能力和较高的重复购买率，品牌不易衰减，即使不再使用广告，品牌依然会在消费者中长期存在。

品牌知名度达到100.00%时，意味着消费者全部知晓该品牌，无一例外。

二、品牌认知度的有效范围

品牌认知度的阈值范围不独立存在，单纯地研究品牌认知度绝对值没有意义，即不存在脱离品牌知名度而存在的品牌认知度，品牌认知度的阈值是相对于品牌知名度的情况而确定的，因而品牌认知度的阈值是与品牌知名度的比值，其结果可以简单地分为有效和效果不足两种。

根据上述原理，并按照品牌知名度的阈值对品牌认知度进行反复测算，可得：只要品牌认知度达到品牌知名度的40%以上均为有效。品牌认知度达到有效阈值是指品牌在获得知名度的同时也获得了有效传播，半数以上的消费者不仅知晓该品牌，而且了解品牌更多的知识和信息，了解的程度对消费者产生了有效的影响，此时的品牌认知度是有效下限。结合前面的结果，若品牌认知度有效阈值为1.87%，约为品牌知名度4.69%的40%，意味着获得4.69%以上知名度的品牌，其认知度在1.87%以上为有效认知度，说明品牌在获得知名度的有效传播的同时也获得了消费者对品牌的有效认知；反之，如果品牌认知度低于1.87%，意味着品牌通过营销获得了少许消费者的知晓，但消费者并不知道更多的品牌信息，品牌知名度没有获得应有的传播效果。

将品牌认知度的有效阈值在品牌知名度的40%左右，简单分成有效和效果不足在阈值定性上明显是有瑕疵的，毕竟这只是一个样本量不大的估算。实际操作中，一般把品牌认知度的阈值范围分成三个定性部分，即品牌认知度和品牌知名度比值低于1/3为品牌传播效果不足，高于1/2为品牌传播效果充分，介于两者之间的为品牌传播效果一般，即

$$\alpha = \frac{R}{Z}$$

式中：

R——品牌认知度；

Z——品牌知名度；

a——品牌认知度与知名度的比值。

情况①：$a \geq 0.5$，品牌认知度有效，传播效果充分。

情况②：$0.33 < a < 0.5$，品牌认知度一般，传播效果一般。

情况③：$a \leq 0.33$，品牌认知度不足，传播效果不充分。

如某品牌获得5%的知名度，品牌认知度的有效范围是品牌知名度的40%，即2%以上的品牌认知度才是有效的，2%以下的品牌认知度是无效的。某品牌获得40%的知名度，品牌认知度应在16%以上，低于16%的品牌认知度传播效果不足，但有效。品牌认知度的性质完全取决于它和品牌知名度的比值，而与其绝对值的大小关系不大，其他品牌认知度以此类推。

三、品牌美誉度的有效范围

根据实验确定的关键值，将品牌美誉度 a 的阈值性质划分为三个阶段。

(1) $0 \leq a \leq 1.62\%$。

品牌美誉度处于0至1.62%之间，属于效应极低的范围。美誉度处于这一范围内的品牌出现了部分消费者的推荐性口碑，是正自传播现象，有少量消费者或媒体在自行进行消费者或媒体间的传播和推荐活动，但数量很低，不具有明显的影响力，却非常重要。

品牌美誉度为0则意味着消费者当中没有自传播者，消费者对该品牌无偏好。即使品牌获得了相当程度的知名度，当品牌美誉度为0的时候，也不能称之为"品牌"，充其量称其为"名牌"。

(2) $1.62\% < a \leq 27.91\%$。

1.62%是品牌美誉度的第一个关键点，突破这个关键点后，消费者的口碑作用逐渐凸显出来，消费者偏好越来越明显，消费者之间的传播也越来越多。这个阶段属于有效自传播效应发生时期，在这一时期内的品牌极容易发生品牌自传播骤增现象，但每个品牌的骤增点并不确定。

(3) $27.91\% < a \leqslant 100\%$。

品牌美誉度为 27.91% 是自传播效应发生的上限。美誉度超过 27.91% 的品牌，一般都会出现强烈的品牌自传播现象，达到目标消费者产生重复购买的集体偏好，品牌甚至会成为某种生活方式的标志符号，品牌口碑溢出效应明显。

一个品牌在知名度增加的情况下，受众人群也在不断地扩大，自传播消费者的人数虽然在增加，但有时候增加的速度不及受众人数的增加速度，也会出现品牌美誉度下降的情况，这是正常的情况。品牌美誉度是处于波动状态的。品牌美誉度积累的速度具有马太效应，开始积累的过程很慢，一旦条件成熟品牌美誉度会出现马太效应式的骤增，这一关键点因品牌而异，有的品牌这一关键点位置很低，甚至和下限很接近，有的品牌则需要很高的美誉度才会出现拐点，发生骤增现象。

品牌美誉度的极值理论上可以达到 100%，即所有消费者都认可并积极向外传播推荐该品牌，但实际上品牌美誉度达到一定高度时，消费者口碑传播会出现高度重复的现象。1/3 左右的目标人群成为口碑传播者即达到上限，超过 1/3 以后绝大多数品牌都会发生自传播效应的快速扩散现象，出现高度的品牌忠诚者。

四、品牌忠诚度的有效范围

品牌忠诚度是与品牌时效性有关的一个重要参数。从经营的角度来看，品牌具有较高的忠诚度，则标志着消费者选择偏好和消费习惯已经产生并趋于成熟。因此，即使是在有销售的情况下，品牌忠诚度为 0 的情况也是普遍存在的，意味着消费者的购买都是单次购买，没有发生过重复购买的现象。

品牌忠诚度测算就是对消费者的重复购买率的测算。对品牌忠诚度有效阈值的测定，就是测定在品牌忠诚度达到多少时，有 50% 以上的新消费者第一次体验该品牌的产品能够产生继续购买的意愿。

品牌忠诚度可能不存在有效与无效的问题，可以说只要有品牌忠诚度，无论其高低都是有效的。品牌忠诚度可以为0，意味着没有消费者重复购买，消费没有连续性；品牌忠诚度也可以高至100%，意味着消费者对品牌绝对忠诚，对其他的品牌严格排斥，重复使用一个品牌的商品，而且极容易延伸至同一品牌的其他商品，无论产品门类的差别有多大。

在其他对品牌忠诚度与时效性的实证分析中，品牌忠诚度确实没有出现明显的拐点，即品牌忠诚度只要非0就是有效的，是在一定程度上减弱品牌信息衰退的重要参数。

五、品牌信息总量的有效范围

在品牌信息总量规模的评价标准中，共分为五个等级的规模品牌，分别是微小规模品牌、小规模品牌、中等规模品牌、大规模品牌及超大规模品牌。需要注意的是，一个品牌在区域内算是大规模品牌，但就全国范围而言可能只是一个微小规模品牌，因此对品牌规模的评价一定要有一个范围。下面以全国范围建立对品牌规模进行评价的标准，适用于面对消费者的各类品牌。若将评价范围定位于某省或某区域，则根据相应范围换算相关计算指标即可。

（1）微小规模品牌。

以品牌知名度最低阈值5%为界，是区别一个品牌是否具有影响力的标志。品牌知名度小于5%，一般是销售过程当中自然产生的知名度，该品牌还没有形成市场影响力。绝大多数知名度小于5%的品牌，其忠诚度都非常低，消费者还没有形成消费习惯或偏好。

换算成品牌信息量即人口总数的5%的品牌信息量成为最低要求，以全国市场为经营范围的品牌，其信息总量小于6600万比特，则被认为是品牌具有影响力的品牌信息量下限，小于此规模的品牌称为"微小规模品牌"。

如某品牌针对某特定地区或某类特定人群，在这个特定地区或特定目标人群中获得了较高的指标结构，但对全国范围而言，其他地区各项指标都很低，品牌信息量相对全国而言低于最低阈值，则该品牌为区域性品牌或小众品牌，就全国范围而言是微小规模品牌。

（2）小规模品牌。

对面向全国市场的品牌，其信息量在高于6600万比特时，品牌知名度一般会高于最低要求的5%，无论是否有过有意的运作，该品牌事实上都形成了对消费者的影响力。品牌信息量高于此下限之后，品牌开始有了一定的忠诚度，消费者偏好逐渐形成，消费者出现重复购买现象。

品牌知名度在5%～16.5%属于过渡性质的规模范围，其他指标都以品牌结构的最优状态时的最低阈值标准进行计算，换算成信息量是0.660亿比特～2.178亿比特，这一阶段是小规模品牌发展的早期阶段，是品牌信息的基本量积累时期。就全国范围而言，在此规模范围内的品牌称为"小规模品牌"。

（3）中等规模品牌。

中等规模品牌的信息量的上下限是区别大规模品牌和小规模品牌的界限，小规模品牌的信息量的上限是2.178亿比特，这也是中等规模品牌的信息量的下限。

中等规模品牌的信息量的上限是通过求得目标消费者的品牌信息总量接近全国信息总量曲线的拐点确定的。根据品牌信息均值的变化规律，一个由专业专营品牌向大众品牌发展的过程是品牌信息均值逐渐减小且趋近于1的过程。可以将两者建立一个回归关系图，图中曲线的拐点处就是一个专业品牌转向大众品牌的关键点。越过该拐点后的品牌，其目标人群的特性就不再明显清晰，在消费者认知中，该品牌也不再具有专业特征，而成为一个泛大众的品牌，对照样本的拟合结果，该拐点的位置对应的品牌信息量是7.884亿比特。为此，中等规模品牌的信息量的上限被定义在 7.884 亿比特。

就全国范围的品牌而言，中等规模品牌的信息量的范围是 2.178 亿比特～7.884 亿比特。这个范围跨度很大，可以再将其细分为中等偏小规模品牌、中等规模品牌、中等偏大规模品牌三种类型，以区别品牌信息量接近上下阈的品牌有着明显区别的规模性质。

（4）大规模品牌。

大规模品牌的信息量下限是中等规模品牌的信息量上限，即 7.884 亿比特，信息量超过这一下限的品牌意味着这个品牌已经成为一个全国性的大规模品牌，在全国主要地区的信息量分布比较均匀，原产地区的优势变得不再明显，逐步褪去区域性品牌的特征。品牌的目标消费者和其他消费者对品牌的认知程度的差异缩小到很不明显的程度。

大规模品牌的信息量上限是以质量比最优时的基本量最高值的下限，按照质量比最优平均值 0.35 和基本量最高值的下限（$R_{max}=1$）计算，对应的值应为 19.863 亿比特。

（5）超大规模品牌。

大规模品牌的信息量上限就是超大规模品牌的信息量下限，即 19.863 亿比特。信息量达到这一下限的品牌意味着该品牌的目标消费者与其他消费者认知程度无差异，原产地区的指标无优势，该品牌对全国所有地区的影响力平均且影响很大。一般情况下，信息量达到这一下限值以上的品牌家喻户晓，消费者对其广泛认知，耳熟能详。

对上述品牌信息量规模的分类进行汇总，可得出品牌信息量规模的评价标准，值得注意的是，备注了全国范围意指这个标准是相对于全国范围而言的，其中的计算逻辑适用于其他范围，只是标准的阈值需进行相应的调整。品牌信息量规模的评价标准，如表 2-1 所示。

表 2-1 品牌信息量规模的评价标准

类型	信息量范围	区域范围
微小规模品牌	X ≤ 0.660 亿比特	全国范围
小规模品牌	0.660 亿比特 < X ≤ 2.178 亿比特	全国范围
中等规模品牌	2.178 亿比特 < X ≤ 7.884 亿比特	全国范围
大规模品牌	7.884 亿比特 < X ≤ 19.863 亿比特	全国范围
超大规模品牌	19.863 亿比特 < X	全国范围

该标准的用途比较广泛，可用于对品牌进行初步分析时的品牌类型定性和归类，对一个行业品牌进行排序和分析须遵循可比原则，这个标准为此提供了依据；也可以用作单一品牌进行延伸、兼并或扩张决策的条件依据。

第三章
调研数据收集过程

第一节　调研数据准备工作

一、调研对象的选择

本次山西品牌调研的对象为由填呗 App 在线注册的真实用户所组成的固定样本库。自填呗 App 正式上线以来，随着业务的顺利接洽、App 的不断升级以及公众号的大力宣传，有越来越多的人知晓填呗 App，并进行了实名注册登录，完成发布的调研问卷，领取红包和积分奖励。被调研用户是工作人员定期筛选的、问卷填答质量处于良好水平以上的真实用户，能够保障数据真实有效。

二、调研问卷设计

调研问卷是严格参照国家标准《品牌评价　消费者感知测量指南》（GB/T 39071—2020）的问卷模板进行设计，经过项目组成员反复讨论试调，在不偏离国家标准问卷模板的前提下，贴合山西品牌调研要求，最终确认能够准确反映山西品牌的信息。

调研问卷设计时未添加基本信息项，因为用户在注册时必须完善个人信息才能填答问卷，导出原始数据时会把用户的基础信息一并输出。问卷设计内容包括消费者对一个品牌是否知晓、认知程度、是否具有自传播，以及重复购买等问题。

三、调研工具介绍

本次调研山西品牌数据全部由北京卓闻数据科技有限公司旗下的调研平台填呗 App 收集完成。填呗 App 是一个拥有众多实名注册用户的可靠固定样本库，是专门为有调研需求的高等院校师生及其他有调研需求的企业、研究院等服务的稳定可靠的调研平台。组织问卷时平台应用了多项问卷质量控制检测技术，包括一致性检测题、数字及文字检测题等，以确保调研数据客观、准确。在发放问卷时，根据调研要求可以设置随机发放，即问卷会由系统随机发放给指定数量的用户，也可以按照用户的性别、年龄、职业、收入情况等进行分类发放；为保证问卷填答流畅，也会进行分类逐级发放。

第二节 调研数据收集工作

一、调研周期和阶段

数据收集任务从 2021 年 11 月 20 日开始实施，至 2022 年 5 月中旬结束。本次调研分为三个时间段：2021 年 11 月 20 日至 2022 年 1 月 5 日，对山西省第一批次和第二批次的品牌进行调研，问卷发放间隔为 4～5 天；2022 年 2 月 3 日至 3 月 7 日，对山西省第三批次的品牌进行调研；2022 年 4 月 3 日至 5 月中旬，为提高数据样本量，对部分品牌展开补充调研。

二、调研全过程

本次调研的全过程如下。

第一，与此次负责山西省品牌调研的工作人员进行问卷设计沟通，确定每份问卷的红包金额和积分设置情况，选择恰当的激励组合。

第二，按照调研目标开展组卷工作，并在问卷题目中添加检测题，适当提高用户填写问卷的难度，目的在于提高数据质量的可信度。

第三，按照全国和山西省两个范围定向发放问卷，发放问卷时按照分类分级的原则进行，并由专人对数据质量进行监督。

第四，关闭问卷。在数据收集完毕后立即关停问卷，导出系统中的原始数据并留存，为后续数据筛查工作做准备。在数据清洗过程中，若出现不合格数据则直接剔除，必要时重新开放问卷，补充调研样本量，以确保数据数量在要求范围内。

第五，对筛查完毕并符合要求的数据展开分析。

第三节　调研数据的质量保障措施

一、问卷设计具有针对性

本次山西品牌调研问卷设计以国家标准《品牌评价　消费者感知测量指南》（GB/T 39071—2020）为主要参考标准，结合山西项目组对品牌的调研要求，对标准问卷进行了适当的调整。例如，问卷中会以品牌是哪种老字号作为品牌认知度调查的第一层次问题，紧接着询问填答者对品牌下属产品的了解情况等，以检测用户是否认真填答问卷，其根本目的是保障数据真实有效。

二、调研对象选择具有全面性

调研对象选择具有全面性，不仅会调研山西品牌在省内的知名度、认知度、美誉度及忠诚度，而且会将问卷逐步发放给填呗 App 内的所有注册用户填写，其范围设定为全国用户。在数据收集工作结束之后分析人员对数据进行筛选分类并分析，即对山西省内数据和包括山西省在内的全国数据进行详细分析。

三、质量检测

组织问卷时会在问题中间穿插检测题以实时检测用户填答问卷的认真程度。检测题包括一致性检测题、数字或文字检测题、计算题检测题等，防止机器人作答，以便对用户填答问卷的认真程度进行监测。通过对问卷进行分类分段发放，对问卷发放范围进行限制，来保证及时有效地对数据进行筛选检查，及时剔除不合格数据。

四、问卷整理和筛选

在问卷收集过程中工作人员会定期进行质量检查，数据收集工作结束后立即对问卷进行整理归纳。所有原始调研问卷均会经过数据清洗、系统统计、模块化计算等几个步骤，以确保计算所用数据真实有效，保证分析结果的科学性，最终获得各个品牌的知名度、认知度、美誉度、忠诚度及品牌信息总量估值等指标，并加以定量分析。所有数据皆可追溯到原始数据，本研究报告中的所有分析数据均能够保证真实性和有效性。

第二部分　山西品牌资源的个案分析篇

第四章

山西品牌资源全国数据个案分析

第一节　杏花村汾酒

一、杏花村汾酒品牌简介

汾酒，中国传统名酒，有着4000年的悠久历史，是清香型白酒的典型代表。汾酒因产于山西省汾阳市杏花村，又称"杏花村酒"。汾酒工艺精湛，源远流长，素以入口绵、落口甜，饮后余香、回味悠长而著称，被誉为"最早国酒""国之瑰宝"，是中国古代劳动人民智慧的结晶，在国内外消费者中享有较高的知名度、美誉度和忠诚度。

汾酒是产量第一个突破万吨的中国白酒，利税首次突破亿元、从1988年开始到1993年连续六年经济效益第一、第一家A股上市的中国白酒企业等荣耀均属于山西汾酒。

二、杏花村汾酒品牌的基础指标与分析

杏花村汾酒品牌的基础数据，如表4-1所示。

表4-1　杏花村汾酒品牌的基础数据

指标范围	知名度（%）	认知度（%）	美誉度（%）	忠诚度（%）	品牌信息总量估值（万比特）
全国	71.49	36.24	27.31	8.09	741756.1052

杏花村汾酒的品牌信息总量估值为741756.1052万比特，属于超大规模品牌，说明杏花村汾酒的目标消费者与其他消费者认知程度几乎无差异，全国消费者对其认知广泛，达到了耳熟能详的程度。

杏花村汾酒的品牌知名度为71.49%，可以称杏花村汾酒为高知名度

品牌。杏花村汾酒具有了充分的消费者认知和联想的基础，若再有充分的认知度基础，极有可能产生自传播现象。半数以上的消费者表现出明显的选择偏好，在无提示情境下同类产品的购买选择中，半数以上的消费者会把杏花村汾酒这样拥有较高知名度的品牌作为主要消费选项。此时品牌具有的知名度已经饱和，以提示型方式作为传播内容的主要方式，以维持知名度为目的，品牌管理的重心可以放在公共关系活动等促进美誉度形成和发展的内容上，广告类活动的密度可以逐步减小。

杏花村汾酒的品牌认知度为36.24%。品牌认知度与知名度的比值为50.69%，可以认为杏花村汾酒的品牌传播十分有效，传播效果充分。杏花村汾酒品牌具有较高的知名度，当认知度的阈值超过知名度的一半时，消费者对其产生了较深的认知，已经具有一定的联想度，可以进行品牌的延伸。此时的品牌具有了对消费者选择偏好的影响力，品牌性质发展为极为有效的竞争工具。

杏花村汾酒的品牌美誉度为27.31%，十分接近品牌美誉度的第二个关键点27.91%，接近品牌自传播效应发生的下限。此时说明杏花村汾酒品牌的消费者的口碑作用逐渐凸显出来，消费者偏好越来越明显，消费者之间的传播也越来越广泛。这个阶段属于有效自传播效应发生时期，在这一时期内的品牌极易发生品牌自传播骤增现象，但需要注意的是，由于每个品牌的骤增点不确定，杏花村汾酒想达到这一骤增点需要更加谨慎地选择品牌战略。

杏花村汾酒的品牌忠诚度为8.09%，这意味着品牌已经具有一定的忠诚度，且消费者有重复购买的意愿，但是品牌忠诚度指数相较低于品牌美誉度指数，说明对杏花村汾酒持正向传播评价的消费者并没有转化为品牌忠诚者，因此杏花村汾酒今后的品牌发展战略应向提升消费者重复购买率方向努力，打造既有高知名度和高美誉度，也有高忠诚度的品牌。

由杏花村汾酒的品牌基础数据分析可知，该品牌目前处于成熟期，根据品牌基础数据的整体分析，品牌可以以提示型方式作为传播内容的主要方式，以维持知名度为目的，品牌管理的重心可以放在公共关系活动等促进美誉度形成和发展的内容上。

如图4-1所示，该品牌的全国指标结构类似于次优结构，知名度很高，达到71.49%，认知度超过知名度的50%，美誉度与认知度接近，前三项指标之间的比例结构能够反映品牌对营销构成的积极作用。杏花村汾酒品牌的主要问题在于，品牌忠诚度偏低，消费者重复购买率不足，消费偏好或消费习惯不明显，品牌营销手段不能为厂商带来持续稳定的收益。

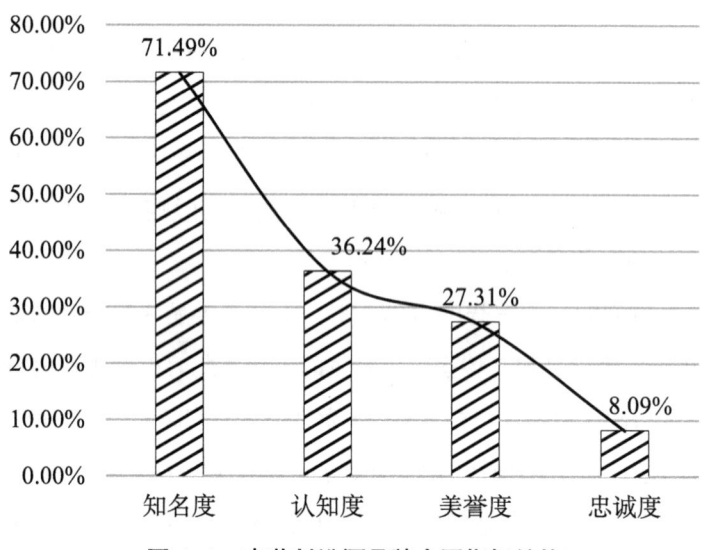

图4-1 杏花村汾酒品牌全国指标结构

第二节 冠云牛肉

一、冠云牛肉品牌简介

冠云牛肉，又称平遥牛肉，是山西特产、全国名产，历史悠长绵延，声名远扬，深受广大消费者喜爱。当年慈禧西行驾临平遥，"九九御膳"

的第一道就是"兴盛雷"。1956年在全国食品名产展览会上，平遥牛肉被评为"全国名产"。冠云牛肉选用经过严格检验的精瘦牛肉，以此为原料，严格按传统工艺并与现代科技相结合加工精制而成，含有丰富的蛋白质和氨基酸，以"肥而不腻、瘦而不柴、色泽红润、清香绵长"享誉中外，是出差旅游和馈赠亲友之佳品，也是中西宴席上不可缺少的上等原料。

二、冠云牛肉品牌的基础指标与分析

冠云牛肉品牌的基础数据，如表4-2所示。

表4-2 冠云牛肉品牌的基础数据

指标范围	知名度（%）	认知度（%）	美誉度（%）	忠诚度（%）	品牌信息总量估值（万比特）
全国	62.12	32.50	21.33	4.02	442833.9743

冠云牛肉品牌信息总量估值为442833.9743万比特，属于超大规模品牌，区域特征不明显，可以说是个全国性品牌，应具有较高的知名度。

冠云牛肉的品牌知名度为62.12%，略高于品牌知名度的第四个关键点61.80%，据此可以认为冠云牛肉品牌为高知名度品牌，具有了充分的消费者认知和联想的基础，极有可能产生自传播现象，半数以上的消费者会把知名度处于这一阶段的品牌作为主要消费选项。此时品牌的知名度已足够高，今后冠云牛肉在品牌发展上可以向提升目标消费者的美誉度和忠诚度倾斜。

冠云牛肉的品牌认知度为32.50%，与知名度的比值为52.32%，已超过知名度的50%，占比结果非常理想，表明以往的品牌传播效果充分，认知度极为有效，消费者能够对品牌进行更多的了解，为品牌美誉度提升奠定了非常好的认知基础。

冠云牛肉的品牌美誉度为 21.33%，相较于品牌认知度数据来看，冠云牛肉的品牌美誉度较低，说明消费者对品牌内涵的认知还未能形成赞许或口碑。品牌美誉度来自消费者对产品或服务的深度体验，是稳定可复制的信息类型，对企业品牌传播是有益的，该指标离不开认知度的支撑，因此今后冠云牛肉应注重对品牌认知度的提升，进而促进美誉度的提高。

冠云牛肉的品牌忠诚度为 4.02%，表明冠云牛肉品牌已经出现消费者重复购买、连续购买的现象，但品牌忠诚度较低，并且明显低于其美誉度，说明企业虽然进行了一定的口碑维护和广告宣传，但其消费者的正向口碑还未完全转化为消费者的重复购买。原因可能在于消费者在购买其产品或服务后未获得满意的消费者体验感，也可能是因为其他品牌的干扰。

由表 4-2 所示的冠云牛肉品牌基础数据以及图 4-2 所示的冠云牛肉品牌的全国指标结构可知，该品牌的基础指标处于正常范围内，指标间的比率也较为合理，突出优势为具有比例协调的知名度、认知度和美誉度关系，三者构成了优良的品牌指标结构基础。劣势在于忠诚度略显不足，表明消费者对该品牌产品的重复购买率略显不足，消费习惯没有完全形成，消费偏好不明显。在品牌拥有较高知名度和高美誉度的情况下出现低忠诚度的现象，往往是存在某种原因制约品牌的口碑向忠诚度转化，具体指标表现在自传播率没有形成营销优势，没能转换成重复购买率。一般来说，当品牌美誉度远大于其忠诚度时，虽然厂商为品牌的口碑付出了极大的努力和投入，但无法在营销中获得相应的收益，可能会影响到企业的销售收益。有时尽管前三项指标形成了不错的指标结构，最终该结构的作用却发挥不出来，其原因可能在于品牌忠诚度过低。

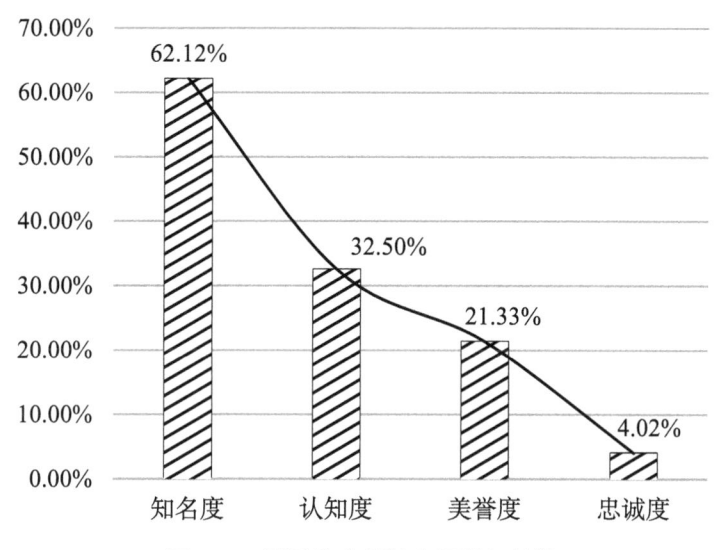

图 4-2　冠云牛肉品牌全国指标结构

第三节　晋泉

一、晋泉品牌简介

晋泉，俗称晋泉高粱白，由历史悠久的太原酒厂酿造，太原酒厂是山西省中华老字号白酒酿造国有企业。太原酒厂秉承三晋人商德绵延经典，承五千年技艺酿造琼浆。历酷暑严寒，炼似水柔情，铸民酒品牌，酿琼浆美酒。执着于做高粱白酒的酿造者、文化历史的保存者、全新价值的发现者、健康快乐的"出售"者。

"晋泉"系列产品在继承传统酿造技艺的基础上，采用地缸固态发酵法，边糖化边发酵，各种微生物转化具有极大的丰富性，是生态型、健康型纯粮酿造白酒。在全省白酒行业中率先采用国内领先的激光二维码防伪溯源系统，使每瓶酒都有了唯一的"身份证"，实现了生产——流通——

消费者真正意义上的防伪溯源体系；同山西大学联合开发的"多级雾化白酒陈酿技术"使酒体的品质和口感发生了革命性改变。企业所属的太原市白酒技术中心具有完善的检验制度和齐备的检测仪器，与食药质监部门、科研院所、大专院校的紧密协作，保证了出厂产品的优级水平。

适销对路的"晋泉礼祐""晋泉陈韵""晋泉 1 号""晋泉红高粱""晋泉高粱白"是享誉三晋的名牌产品，亦是太原酒厂持续健康发展的根基所在。

二、晋泉品牌的基础指标与分析

晋泉品牌的基础数据，如表 4-3 所示。

表 4-3 晋泉品牌的基础数据

指标范围	知名度（%）	认知度（%）	美誉度（%）	忠诚度（%）	品牌信息总量估值（万比特）
全国	56.42	34.20	16.70	5.61	324164.6492

晋泉品牌的品牌信息总量估值为 324164.6492 万比特，在全国范围内属于超大规模品牌，在享有一定的区域品牌特征的同时，晋泉在全国的影响力也不容小觑。

晋泉的品牌知名度为 56.42%。该品牌表现为半数以上消费者表示对其非常熟悉，若有相应的认知度，晋泉品牌一般会具有一定的联想度，使品牌延伸成为可能。此时的品牌具有了对消费者选择偏好的影响力。

晋泉的品牌认知度为 34.20%，认知度与知名度的比值高达 60.62%，远远超过知名度的 50%，说明晋泉的品牌认知度极为有效，品牌传播效果极好。此阶段消费者对晋泉的认知已经逐步加深，品牌具有了一定的联想度，也具备了品牌延伸的基本条件。品牌具有了对消费者选择偏好的影响力，使得品牌成为企业发展极为有用的竞争工具，在竞争中的作用明显。

晋泉的品牌美誉度为16.70%，已经突破品牌美誉度的第一个关键点1.62%。在突破这个关键点后，晋泉高粱白的消费者口碑作用逐渐凸显出来，消费者偏好越来越明显，消费者间的相互传播也越来越广泛。在此阶段，品牌属于有效自传播效应发生时期，在这一时期内的品牌极容易发生品牌自传播骤增现象，但每个品牌的骤增点不确定。因此，企业可以关注相关热点，预判品牌骤增点。

晋泉的品牌忠诚度为5.61%，意味着品牌具有了一定的忠诚度，且消费者有重复购买的意愿。根据国家标准，不论高低，忠诚度存在即为有效，但是晋泉的品牌忠诚度明显低于美誉度，说明消费者口碑还未充分转化为消费者的重复购买率，晋泉管理方在营销管理方面还有非常大的提升空间。

晋泉品牌在全国的指标结构，如图4-3所示。

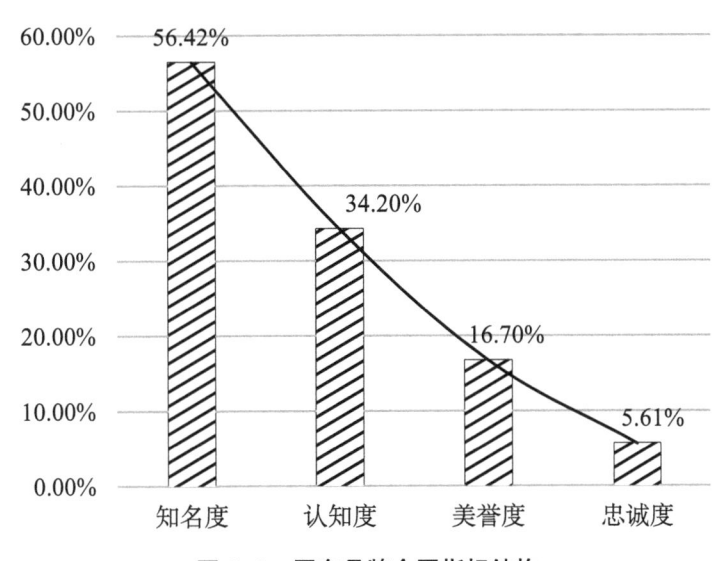

图4-3 晋泉品牌全国指标结构

观察晋泉品牌在全国的指标结构发现，晋泉品牌在全国的指标结构较为合理，品牌知名度很高，达到56.42%，品牌认知度远高于知名度的一半，所占比重高达 60.62%，同时拥有 16.70% 相对较高的美誉度，前三项指标之间的比例结构能够反映品牌对营销构成的积极作用。晋泉品牌目前的主要问题在于品牌忠诚度偏低，对晋泉拥有正向传播和口碑的消费者未能实现向多次购买、重复购买的充分转化，消费者重复购买率不足，消费偏好或消费习惯不明显，品牌对营销的作用不能为厂商带来持续稳定的收益，对此，今后晋泉品牌应着重注意自身品牌的美誉度转化和忠诚度提升问题。

第四节 六味斋

一、六味斋品牌简介

"六味斋"酱肉是山西省太原市的一种传统小吃，其品种有酱肉、酱肘花、杂拌、香肠、蛋卷等，风味各异，特点是"肥而不腻、瘦而不柴"。

据有关资料记载，"六味斋"酱肉始创于 20 世纪 30 年代，当时制作得最好的店为"福纪六味斋酱肘鸡鸭店"，是一间不足 40 平方米的小店铺，设备陈旧，操作落后，每天只能加工 50 千克猪肉和十几只鸡。到 1956 年时，全店也只有 7 个人，每天只能加工 100 多千克肉。六味斋发展至今，厂房、店面均已扩大，职工增加到 200 余人，日产各种酱肉 4000 多千克，产品包括酱肉、肘花、香肠等 50 多个品种。1982 年，六味斋的酱肘花被商业部评为优质产品；1984 年、1988 年连续复评合格；1988 年，"六味斋"酱肉又被评为部优产品；自 1981 年起"六味斋"酱肉、酱肘花一直被评为省优产品，此外省优产品还有排叉、酱猪头肉，市优产品有排叉、酱猪肝、叉烧、酱大肚、酱猪头肉。

二、六味斋品牌的基础指标与分析

六味斋品牌的基础数据，如表4-4所示。

表4-4 六味斋品牌的基础数据

指标范围	知名度（%）	认知度（%）	美誉度（%）	忠诚度（%）	品牌信息总量估值（万比特）
全国	65.71	37.84	19.64	4.56	466749.1806

六味斋的品牌信息总量估值为466749.1806万比特，属于超大规模品牌，在全国范围内享有盛誉，品牌知名度较高。

六味斋品牌知名度为65.71%，根据国家标准，已突破知名度的第四个关键点61.80%，超过此关键点说明六味斋已经具有了充分的消费者认知和联想的基础，极有可能产生自传播现象，半数以上消费者表现出明显的选择偏好。

六味斋品牌认知度为37.84%，与知名度的比值为57.59%，超过知名度的50%，说明六味斋品牌认知度有效，传播效果较为充分，能够为今后品牌大规模发展、品牌延伸奠定良好的消费者认知基础。

六味斋品牌美誉度为19.64%，远远超过美誉度的第一个关键点1.62%。在突破此关键点后，消费者的口碑作用逐渐凸显出来，消费者偏好越来越明显。在此阶段中，品牌美誉度相对较高，意味着该品牌的口碑很大程度上实现了向销售能力的转移，在消费者选择偏好和消费习惯形成后，对企业营销的支持作用非常明显。

六味斋品牌忠诚度为4.56%，意味着品牌有一定的忠诚度，且消费者有重复购买的意愿，但是品牌忠诚度与其美誉度差距较大，转化不充分，说明六味斋品牌营销工作的进步空间较大。

观察图4-4所示的六味斋品牌全国指标结构可知，六味斋各项品牌基础数据指标呈逐次下降的趋势，品牌比较有名，消费者认知情况良好，美誉度指数相对来说也较为理想，但是品牌忠诚度只有个位数，拉低了六味斋品牌全国指标结构的质量。其原因在于六味斋的购买群体规模欠缺，可能是品牌营销中对目标消费者的挖掘不够，目标消费者定位错误，使该食品品牌难以获得高重复购买率，即高忠诚度，也可能是全国市场范围内生产销售酱肉的品牌较多，消费者可选择的同类品牌较多，因此六味斋应在做好充分的市场调研的基础上，挖掘更多新颖的、独特的品牌营销点，提高目标消费者定位的准确度。

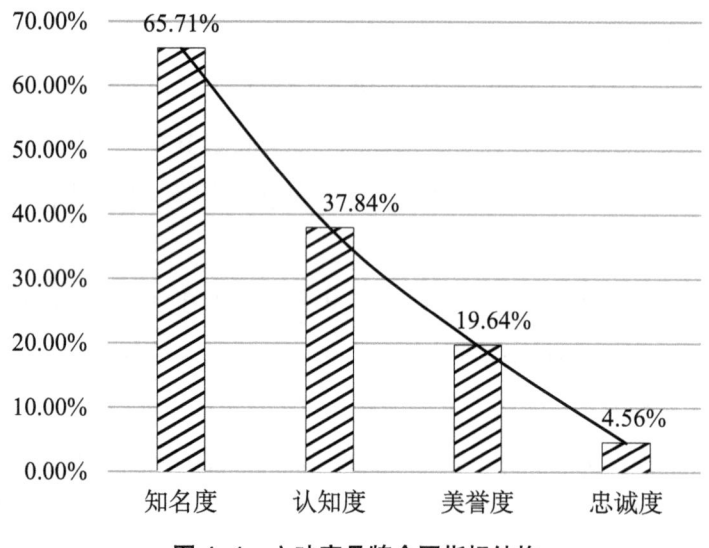

图 4-4　六味斋品牌全国指标结构

第五节　益源庆

一、益源庆品牌简介

益源庆醋厂是太原市一家久负盛名的老字号品牌，位于繁华的闹市区桥头街宁化府胡同内。民间流传"山西自古酿好醋，好醋还是宁化府"，其中的"宁化府"指的便是太原市宁化府益源庆醋业有限公司所在地。

益源庆醋选料非常严苛，只能用山西省忻州、晋中一带产的高粱，豌豆必须用晋西北产的小豌豆。在制醋工艺上益源庆醋也有独到之处，为传统的固态发酵工艺，要经过一年多的夏伏晒、冬捞冰等工序，10 千克新醋陈放一年后，只剩下 3 千克左右。后期还要进行熏醅增色加香，这样生产出来的醋才具备香、酸、甜、绵的口感，色泽棕红，滋味醇厚。酿得好醋的宁化府人，在经营思想上也有可圈可点之处。旧时曾要求，成品检验一旦不合格不准入库，更不准柜台出售。对本市顾客，不管大商小户、公馆衙门，也不论路途远近、用量多少，一律专人送货上门。

二、益源庆品牌的基础指标与分析

益源庆品牌的基础数据，如表 4-5 所示。

表 4-5　益源庆品牌的基础数据

指标范围	知名度（%）	认知度（%）	美誉度（%）	忠诚度（%）	品牌信息总量估值（万比特）
全国	49.76	22.99	17.77	3.76	247311.7921

益源庆的品牌信息总量估值为 247311.7921 万比特，超过了超大规模品牌的下限 19.863 亿比特，在全国范围内具有良好的消费者规模。

益源庆品牌知名度为 49.76%，已经突破知名度的第三个关键点 37.50%。突破这一关键点的表现为，半数以上消费者表示对其非常熟悉，不仅认知程度深，能够辨识其 LOGO，而且能够大致描述出益源庆醋的口感、特色等，产生了明显的消费者区隔。若此时有相应的认知度，该品牌一般会具有一定的联想度，使品牌的延伸成为可能。

益源庆品牌认知度为22.99%，与知名度的比值为46.20%，未能超过知名度的50%，说明前期益源庆品牌的传播效果不够充分，认知度一般。尽管品牌认知度未能超过知名度的50%，但超过了知名度的33.33%，此时益源庆品牌依旧可以尝试进行品牌延伸，但是风险较大，需要结合更多品牌数据综合斟酌进行。

益源庆品牌美誉度为17.77%，品牌消费者的口碑作用逐渐凸显出来，益源庆品牌的美誉度略低于其认知度，说明消费者购买益源庆醋时产生的正向口碑并未充分转化为其对于该品牌的正向口碑。

益源庆品牌忠诚度为3.76%，根据国家标准，只要品牌忠诚度不为零，即为有效，但是益源庆的品牌忠诚度只有3.76%，严重低于其品牌美誉度，这意味着品牌的消费者正向口碑尚未充分转化为品牌的忠诚度，亟须利用更有效的、更有针对性的品牌管理手段促进品牌美誉度向忠诚度的有效转化。

观察图4-4和图4-5可知，益源庆品牌全国指标结构与六味斋品牌全国指标结构较为相似，均是在高知名度基础上，各个指标呈现递减趋势。相较于六味斋，益源庆品牌的美誉度与认知度的差距较小，说明益源庆在目标消费者定位上可能优于六味斋，但是益源庆的品牌忠诚度要低于六味斋的品牌忠诚度。益源庆与六味斋二者同为食品品牌，具有一定的可比性，不同的是益源庆生产的产品是醋，属于调味品类，无法像六味斋产品那样可以在短时间内食用尽，因此其品牌忠诚度低于六味斋是可以理解的；但是从绝对值上来看，益源庆品牌忠诚度只有3.76%，说明其面临着如何让更多的消费者回购、让已回购的消费者继续回购的难题，不能长久地依赖价格促销，而应从产品自身着手，提升消费者对品牌的依赖度和忠诚度。

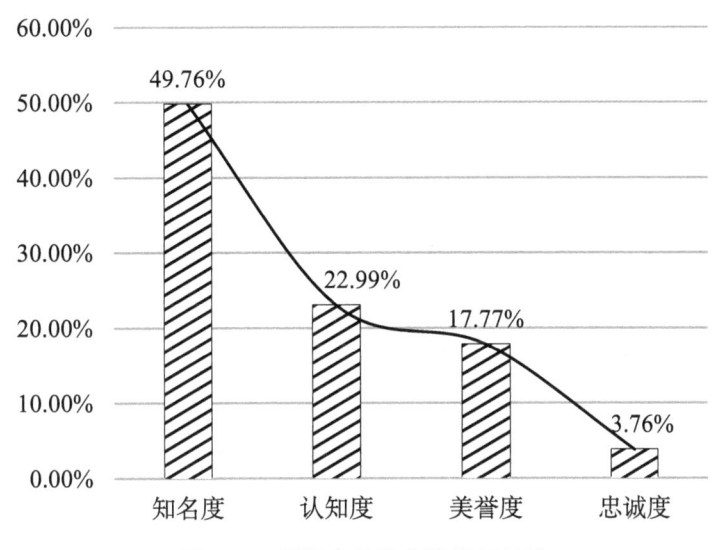

图 4-5 益源庆品牌全国指标结构

第六节 东湖

一、东湖品牌简介

"东湖"老陈醋，作为山西老陈醋，以其酿造技艺和色、香、味俱佳的优良品质驰名中外。

1956年，老字号"美和居"联合"福源长""聚庆成""协和泉""集义涌"等21家醋坊，公私合营组建了清徐曲醋厂。1957年以县城中的东湖，注册了"东湖"商标，使用至今。1958年该厂转为国有企业山西老陈醋厂。1996年，根据省政府发展山西老陈醋的指示，成立了山西老陈醋集团有限公司。从此，"东湖"成为山西老陈醋原创者，成为明洪武元年（1368年）创立的"美和居"老醋坊的正宗传承者。"东湖"老陈醋仔细挑选高粱、豌豆、大麦、麸皮、谷糠五种地产杂粮原料，严格按照国家级非物质文化遗产"美和居老陈醋酿制技艺"的"蒸、酵、熏、淋、陈"五种工艺进行酿制。

山西老陈醋集团有限公司现已成为全国调味品行业唯一集中华老字号、国家级非物质文化遗产、国家级非物质文化遗产生产性保护示范基地、国家级非物质文化遗产传承人等多项殊荣于一身的著名企业。

二、东湖品牌的基础指标与分析

东湖品牌的基础数据，如表4-6所示。

表4-6 东湖品牌的基础数据

指标范围	知名度（%）	认知度（%）	美誉度（%）	忠诚度（%）	品牌信息总量估值（万比特）
全国	59.82	23.22	17.37	4.11	292471.9636

东湖的品牌信息总量估值为292471.9636万比特，属于超大规模品牌，在全国范围内具有较高的知名度。

东湖品牌的知名度为59.82%，远高于知名度的第三个关键点37.50%。突破这一关键点的表现为，半数以上的消费者对东湖品牌非常熟悉，能够大致描述东湖的广告内容、品牌内涵或产品风格，说明该企业前期对品牌进行的广告宣传和营销服务使品牌的知名度得到了提升，且效果显著。

东湖品牌的认知度为23.22%，与知名度的比值为38.82%，未超过品牌认知度较为有效的阈值50%，说明前期东湖品牌的广告投入和营销内容投入未全部转化为消费者对于品牌的认知，由此导致品牌的传播效果不充分，未能获得一定的联想度，目前还不能尝试品牌延伸。

东湖的品牌美誉度为17.37%，超过美誉度的第一个关键点1.62%，且接近美誉度的下一个关键点27.91%。在此阶段，消费者口碑的作用逐渐凸显出来，并且消费者偏好越来越明显，已经出现有效的品牌自传播。

东湖的品牌忠诚度为4.11%，品牌已经有了一定数量的强偏好型消费者，但是忠诚度和美誉度差距较大，说明东湖品牌的营销活动的作用尚未全部发挥出来。此时期的东湖品牌应当注意品牌骤增点的出现，重视品牌宣传和营销管理。

东湖品牌与益源庆品牌同为醋品牌，二者具有可比性，因此对比图4-5与图4-6发现，二者无论是在知名度、认知度、美誉度、忠诚度的取值上，还是在品牌指标结构上，均极为接近，这也印证了二者作为山西醋品牌的代表在全国范围内享有极高的声誉。因此，二者面临的品牌发展问题也较为相似，即同时面临在高知名度、高美誉度情况下如何提升消费者的消费黏性问题。醋作为调味品，是生活必需品之一，基于醋的特性，品牌忠诚度较低能够被接受，但是当市场中有较为强劲的竞争对手时，能否基于自身品牌特征选择合适的、有效的品牌营销策略，是作为山西老陈醋代表性品牌的东湖面临的严峻挑战。

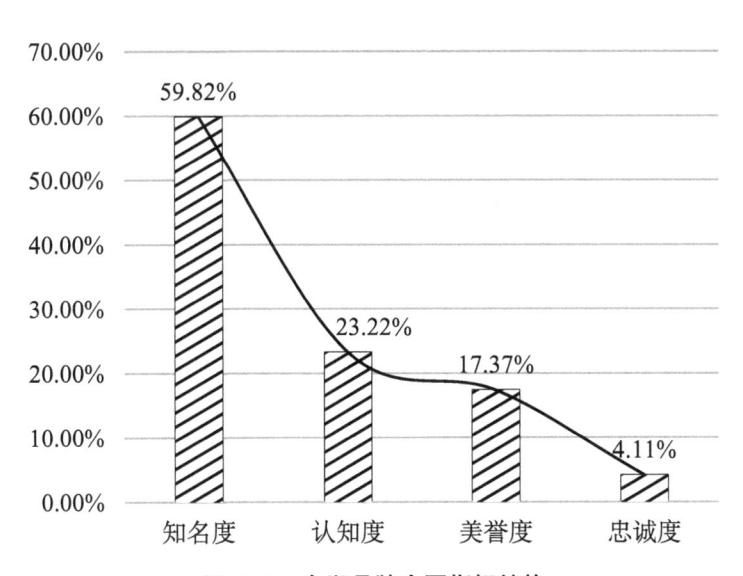

图4-6 东湖品牌全国指标结构

第七节　老鼠窟

一、老鼠窟品牌简介

"老鼠窟"元宵是山西省太原市的地方传统小吃。"老鼠窟"元宵店原名为"恒义诚甜食店",由于地处钟楼街老鼠窟巷要口,故以"老鼠窟元宵店"著称。"老鼠窟"的元宵有"味压群芳,誉冠并州"之美称。拥有百年历史的"老鼠窟"一直保持自家店铺的特色,不仅在制作工艺上代代传承,标准唯一,而且在元宵馅的品种上秉承传统风味,主要有芝麻、桂花、玫瑰、花生四种味道。多年以来,"老鼠窟"元宵的选料、制作都非常讲究:只选用晋祠花塔村一带产的江米,用水泡发后,用石磨碾碎制成面粉。馅料中的玫瑰花、桂花要采集半开的花朵。虽然西有按司街的一家元宵店,东有钟楼街的两家元宵店,但"老鼠窟元宵店"的顾客仍是络绎不绝。每年春、秋、冬三季是元宵销售旺季,早晨一开门"老鼠窟元宵店"就宾客满座,至晚上十一二点顾客仍是络绎不绝。2009年,这道备受龙城人民喜爱的地方名吃"老鼠窟元宵"被列入山西省非物质文化遗产。

二、老鼠窟品牌的基础指标与分析

老鼠窟品牌的基础数据,如表4-7所示。

表4-7　老鼠窟品牌的基础数据

指标范围	知名度（％）	认知度（％）	美誉度（％）	忠诚度（％）	品牌信息总量估值（万比特）
全国	44.72	15.38	15.73	3.40	169392.6747

老鼠窟的品牌信息总量估值为169392.6747万比特,超过大规模品牌的品牌信息总量估值下限7.884亿比特,原产地区的优势变得不再明显,

逐步褪去区域性品牌的特征，正在向超大规模品牌发展。

老鼠窟的品牌知名度为44.72%，已经突破知名度的第三个关键点37.50%，但是距离知名度第四个关键点数值较远，说明老鼠窟品牌所做的相关宣传还未完全发挥作用。目前半数消费者已经能够准确地识别其广告和产品，但其品牌知名度还有很大的提升空间。

老鼠窟的品牌认知度为15.38%，与知名度的比值为34.39%，仅略高于知名度的33.33%，认知度阈值并不理想。品牌认知度阈值未能超过50%，且与33.33%极为接近，说明老鼠窟前期所做的品牌宣传效果较差，传播不充分，为后期品牌提升自身信息总量估值从而走向全国超大规模品牌带来一定挑战。

老鼠窟的品牌美誉度为15.73%，高于老鼠窟的品牌认知度。此时消费者对老鼠窟品牌的选择偏好越来越明显，该阶段属于有效自传播效应发生时期，老鼠窟应重视这一时期，因为在这一时期内品牌极易发生品牌自传播骤增现象。从表4-7中可以看出，品牌美誉度高于其认知度，从品牌指标结构来看，没有充分认知做基础的品牌美誉度并不稳定，极易流失，造成品牌指标结构的大幅变化，危害品牌指标结构的稳定性。

老鼠窟的品牌忠诚度为3.40%，已经出现少量的强偏好型消费者。根据国家标准可知，品牌忠诚度只要不为零，即为有效，但老鼠窟的品牌忠诚度相对较低，且显著低于其美誉度，说明该品牌的消费者口碑转化为重复购买率的程度极差，需要引起老鼠窟品牌管理者的高度重视，及时调整品牌营销策略。

观察图4-7可知，老鼠窟品牌全国指标结构与其他老字号的品牌指标结构走势相比有其特别之处，这是由于老鼠窟的品牌美誉度高于品牌认知度引起的。在拥有较高品牌知名度的情况下，老鼠窟的品牌认知度阈值不理想，同时，美誉度指标高于认知度指标，忠诚度指标又显著低于前三项指标，使得整体指标结构比例关系不协调，品牌的好口碑未能实现向品牌忠诚度的充分转化。

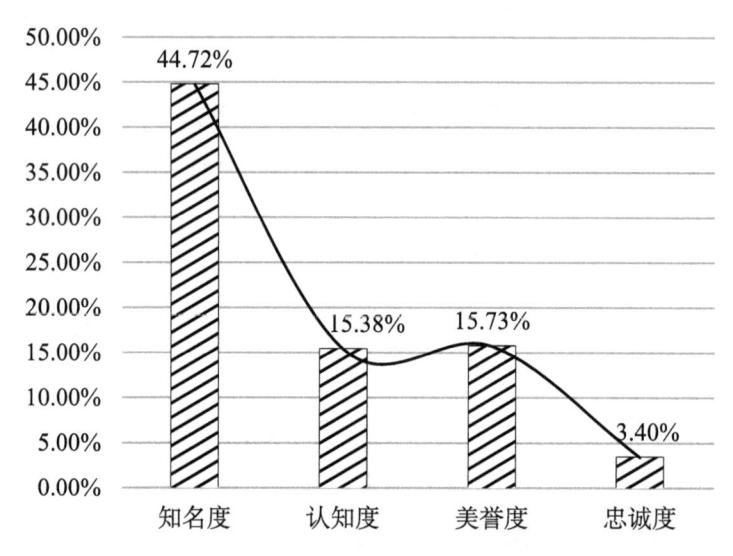

图 4-7　老鼠窟品牌全国指标结构

第八节　古灯

一、古灯品牌简介

古灯是太原市古灯调味食品有限公司的品牌。

太原市古灯调味食品有限公司前身是太原市味精厂，创建于 1958 年，至今已有 60 多年的历史，1997 年 11 月改制为太原市古灯调味食品有限公司。公司现已发展成为山西省最大的调味品生产企业，是国家国内贸易局命名的"中华老字号"中型食品工业企业，主要生产"古灯"牌与"晋阳古灯"牌酱油、食醋、味精、酱类等调味品、豆制品，共六大类、八十多个品种，平均年产调味品两万余吨，是山西省最大的调味品生产企业。

"晋阳古灯"是太原市知名商标,"古灯"是山西省著名商标。"古灯"牌系列产品在太原市拥有 2000 余个经销点,达 70% 的市场占有率,在山西省拥有大小经销点、营销网络 3000 多个,各类产品畅销华南、华北、东北、华东、西南、西北等全国二十余个省(市、自治区)。

二、古灯品牌的基础指标与分析

古灯品牌的基础数据,如表 4-8 所示。

表 4-8 古灯品牌的基础数据

指标范围	知名度（%）	认知度（%）	美誉度（%）	忠诚度（%）	品牌信息总量估值（万比特）
全国	58.39	24.52	16.93	5.08	285982.5236

古灯的品牌信息总量估值为 285982.5236 万比特,属于超大规模品牌,消费者对其认知广泛,达到了耳熟能详的程度。

古灯的品牌知名度为 58.39%,超过了知名度的第三个关键点,此时的品牌具有了对消费者选择偏好的影响力,其性质为有用的竞争工具,在竞争中的作用明显。若有相应的认知度,该商标一般会具有一定的联想度,使品牌延伸成为可能。

古灯的品牌认知度为 24.52%,认知度阈值为 41.99%,未能超过 50%,品牌认知度一般,传播效果一般;但是认知度阈值超过了 33.33%,说明古灯品牌的传播手段和传播途径仍有需要改进的地方,以为后期品牌延伸和品牌美誉度提升奠定坚实的基础。

古灯的品牌美誉度为 16.93%,消费者口碑效应越来越明显,并且这一阶段属于品牌有效自传播效应发生时期。因古灯品牌美誉度明显低于认知度,消费者对品牌内涵的认知没有形成对该品牌的赞许或口碑,尽管消费者对品牌有着比较充分的认知，但可能因为产品或服务的质量没有形成消费者体验后的满意度，或因其他品牌的干扰，使得消费者即使对品牌具有充分认知也没有达到自传播的程度。

古灯的品牌忠诚度为5.08%，产生少部分消费者重复购买、连续购买的现象，但品牌忠诚度与其美誉度相比过低，说明可贵的口碑尚未全部转化为消费者的重复购买率。品牌可以以维护消费者口碑、提高美誉度为目的，进行适当的广告宣传和广告营销，以促进消费者口碑转化为消费者对品牌产品的重复购买率。

由图4-8所示，古灯品牌的全国指标结构近似于次优结构，前三项指标对品牌营销是能起到一定作用的，品牌在当地拥有极大的影响力，消费者不但对该品牌非常熟悉，而且品牌评价良好，但可惜的是品牌忠诚度偏低，重复持续消费的消费者群体规模偏小，需要尽快调整品牌管理方案，否则将影响古灯品牌在全国市场的进一步发展。

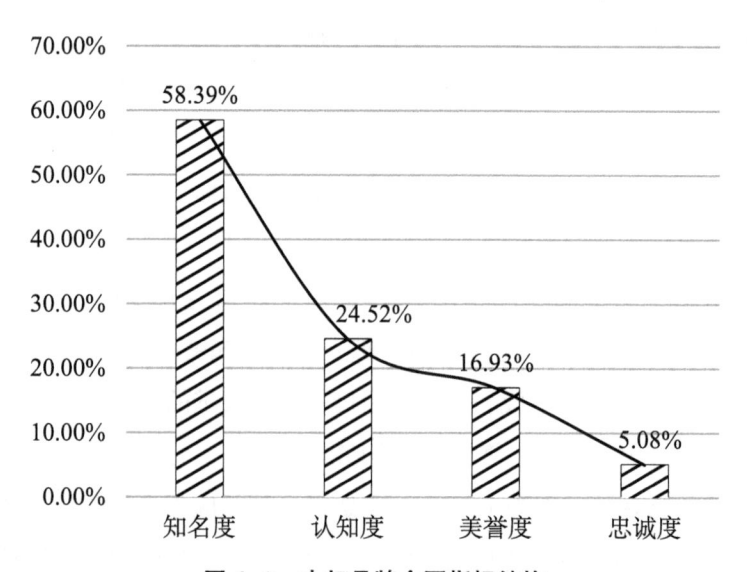

图4-8 古灯品牌全国指标结构

第九节　双合成

一、双合成品牌简介

双合成始创于1838年，是山西食品行业著名品牌、著名的中华老字号品牌。道光十八年（公元1838年）李善勤、张德仁在河北省井陉县横口镇西街创建食品店，取"和气生财，二人合作，必能成功"之意，商号为"双合成"。双合成将有100多年发展历史的"中国味道、山西特色、双合成特质"的食品文化演化为一个庞大的产品体系，即中式系列、西式系列、娘家系列、感恩月饼系列、喜庆系列、文化主题系列六大产品类别，在全国范围内建立了自己的营销网络，成为中国北方消费者信赖的、极有影响力的食品生产企业。

双合成始终坚持"以品种促发展，以服务求生存，以质量树信誉"的经营方针和"心系大众，奉献精品"的经营宗旨。企业年销售收入近亿元，拥有一大批高素质的专业人才，以及两座现代化工厂及多条国内领先的糕饼自动生产线，开设了50家直营连锁店，公司下设营销中心、生产中心、人力资源中心等部门，并且与山西大学生命科学系联合创办了食品研发中心，现已发展成山西食品行业的龙头企业，在全国烘焙行业具有一定的影响力。公司的各类产品曾多次获得国家及行业荣誉，深受消费者青睐，双合成商标被评为"全省著名商标"，月饼年年被国家轻工业协会评为"中国名饼""名牌月饼"。

二、双合成品牌的基础指标与分析

双合成品牌的基础数据，如表4-9所示。

表 4-9 双合成品牌的基础数据

指标范围	知名度（%）	认知度（%）	美誉度（%）	忠诚度（%）	品牌信息总量估值（万比特）
全国	46.50	23.19	19.86	3.64	258946.6299

双合成的品牌信息总量估值为258946.6299万比特，是超大规模品牌，在全国范围内广为人知。

双合成的品牌知名度为46.50%，已经突破知名度的第三个关键点37.50%。突破这一关键点的表现为，半数以上的消费者非常熟悉双合成，不仅认识程度深，而且能够辨识其标识，能大致描述其广告内容、品牌内涵或产品风格，产生了明显的消费者区隔。

双合成的品牌认知度为23.19%，认知度的阈值为49.87%，非常接近认知度的最佳阈值50%，说明双合成前期的品牌传播取得了一定效果，品牌认知度较为有效，能够孕育出双合成品牌的高美誉度，并为今后的品牌延伸奠定基础。

双合成的品牌美誉度为19.86%，已经超过美誉度的第一个关键点。在突破这个关键点之后，消费者的口碑作用逐渐凸显出来，但是消费者口碑的作用相对较小，消费者之间的传播增加幅度较小。

双合成的品牌忠诚度为3.64%。品牌忠诚度与其美誉度相比显著较低，存在着品牌自传播能力无法向重复购买率转化的问题，产生了消费者重复购买和连续购买的现象，但消费者口碑未充分地转化为营销中的消费者重复购买率。

观察图4-9可知，与绝大多数山西省中华老字号品牌的全国指标结构相似，双合成品牌的各项指标也呈逐次下降的趋势。双合成品牌在全国范围内比较有名，消费者认知情况良好，美誉度也在认知度阈值较为理想的情况下达到了良好水平,但可惜的是双合成的品牌忠诚度过低,购买群体不足,这可能与当地有较多的可替代品牌有关。因此,双合成未来发展的关键在于,在拥有众多竞争者的山西市场中挖掘显著区别于其他品牌的代表性产品,并利用好品牌的这一关键竞争手段。

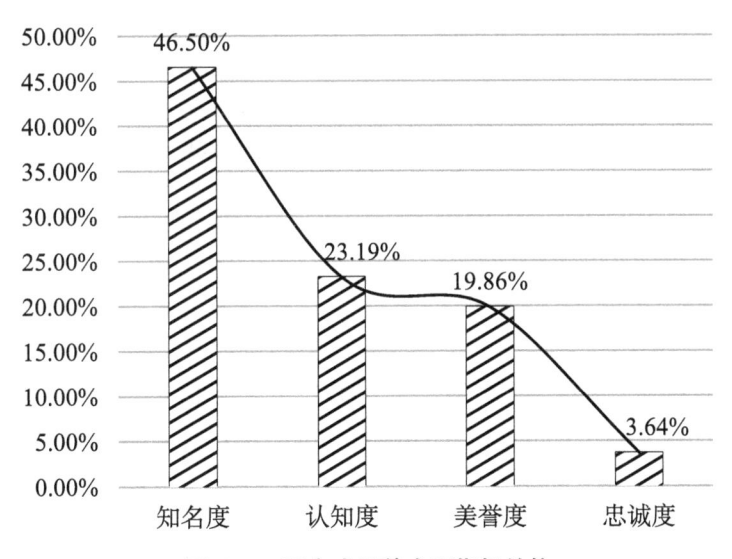

图 4-9 双合成品牌全国指标结构

第十节 广誉远

一、广誉远品牌简介

广誉远始创于明嘉靖二十年(公元 1541 年),距今已有近 500 年的历史,其间历经广盛号药店、广升聚、广升蔚、广升誉、广升远、山西中药厂、山西广誉远等十几个商号药厂更迭。在清代曾与广州陈李济、北京同仁堂、杭州胡庆余堂并称为"四大药店",现为山西省中药企业典范。广誉远主导产品"龟龄集"和"定坤丹",是中华中医药宝库珍藏的养生至宝，是博大精深的中医药文化智慧的结晶，现为国家级保密处方，分别在 2008 年和 2011 年被国务院评为国家级非物质文化遗产。

二、广誉远品牌的基础指标与分析

广誉远品牌的基础数据，如表 4-10 所示。

表 4-10 广誉远品牌的基础数据

指标范围	知名度（%）	认知度（%）	美誉度（%）	忠诚度（%）	品牌信息总量估值（万比特）
全国	54.25	34.77	19.64	14.22	177823.665639

由表 4-10 中的数据可知，广誉远的品牌知名度为 54.25%，突破了知名度的第三个关键点 37.50%，该品牌在全国范围内已有较深的消费者理解和认知，此阶段的品牌知名度会带动品牌认知度和美誉度的提升，在消费者之间产生明显偏好，对营销产生利好作用。广誉远的品牌认知度为 34.77%，与知名度的比值达到 64.09%，超过了 50%，说明该品牌的宣传工作成效突出，使知晓品牌的消费者对品牌的行业、产地、发展历史以及品牌层级等信息有更深的了解。

广誉远的品牌美誉度为 19.64%，说明购买过该品牌或对该品牌有所了解的消费者对该品牌有较高的评价，并且购买过该品牌的消费者在产品体验之后表现为比较满意，认为产品功效尚可；但品牌美誉度与认知度的差距较大，说明该品牌在产品功效上还有很大的提升空间。广誉远的品牌忠诚度也偏低，较低的美誉度未能为品牌忠诚度的形成和发展奠定良好的基础。广誉远品牌作为药品，核心的作用是使患者恢复健康，不同于一般食品类品牌的产品，若重复购买率较高，则可能说明广誉远药品虽有疗效但需要长期服用才能达到治病的效果，那么该产品的作用也将会受到质疑，所以广誉远的品牌忠诚度不为 0 则有效，不能单纯地通过忠诚度来判定该品牌的好坏。

观察图 4-10 所示的广誉远品牌全国指标结构发现，与绝大多数山西省中华老字号品牌的全国指标结构相似，广誉远品牌各项指标也呈逐次下降的趋势。广誉远品牌在全国具有较高的知名度，消费者认知情况良好，但美誉度未在认知度阈值较为理想的情况下达到良好水平，故未能为品牌忠诚度提供强有力的支撑。未来广誉远品牌可能需要在药效方面进行提升，结合当代消费者的身体素质合理地对药物产品进行改良和创新。

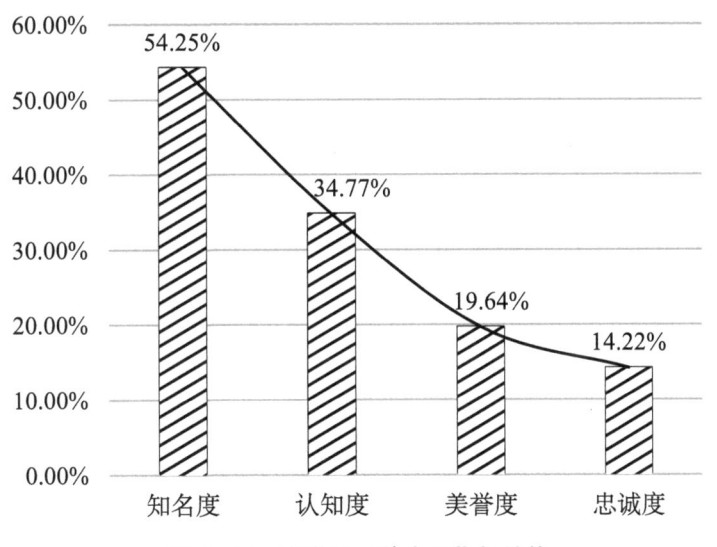

图 4-10 广誉远品牌全国指标结构

第五章

山西品牌资源省内数据个案分析

第一节 宝丰裕

一、宝丰裕品牌简介

宝丰裕，为山西紫林醋业股份有限公司（以下简称"紫林醋业"）的老字号品牌。紫林醋业位于"中国醋都"山西省清徐县，是以微生物发酵为核心技术的酿造行业高新技术企业，是以酿造食醋为主导产业的农业产业化国家重点龙头企业。公司坚持"弘扬工匠精神，追求卓越品质"，以"醋都尚品，紫林厚道"为企业的品牌语言，致力于做大做强晋醋产业。

紫林醋业主要有酿造食醋、保健醋、风味醋、果醋、醋饮料、复合果汁饮料、酿造料酒七大系列、百余种产品畅销全国。"紫林"牌山西老陈醋采用"蒸、酵、熏、淋、陈"五大传统工艺，产品具有"酸、绵、甜、香、鲜"的风味品质，是我国地理标志保护产品。

二、宝丰裕品牌的基础指标与分析

宝丰裕品牌的基础数据，如表5-1所示。

表5-1 宝丰裕品牌的基础数据

指标范围	知名度（%）	认知度（%）	美誉度（%）	忠诚度（%）	品牌信息总量估值（万比特）
山西省内	86.30	51.36	42.47	3.42	61434.38731

由表5-1可知，宝丰裕的品牌知名度为86.30%，超过了知名度的第五个关键点84.45%，此时的品牌已经获得了极高的知名度。宝丰裕

是紫林醋业旗下品牌，山西醋产业在全国知名，宝丰裕能够成为大众耳熟能详的品牌亦在情理之中，超过半数的消费者对其广告或品牌内涵非常熟悉。

宝丰裕的品牌认知度为51.36%，认知度阈值为59.51%，已经超过认知度的理想阈值50%，品牌认知度有效，传播效果充分，说明半数以上的消费者不仅知晓宝丰裕品牌，还了解其更多知识和信息，对消费者产生了有效的影响，也说明宝丰裕品牌在消费者之间建立了良好的营销基础。

宝丰裕的品牌美誉度为42.47%，此时品牌一般会发生强烈的品牌自传播现象，目标消费者产生重复购买的集体偏好，品牌口碑溢出效果显著。随着品牌知名度的提高，品牌受众人群也逐渐扩大，品牌美誉度的增速不及品牌在消费者之间的传播速度，随着品牌广告、宣传等正向效应的累积，美誉度会呈马太效应式增长。

宝丰裕的品牌忠诚度为3.42%。品牌忠诚度不为零即为有效，但与宝丰裕的品牌美誉度相比，其忠诚度较低，这一现象说明品牌美誉度未能充分转化为品牌忠诚度，宝丰裕品牌未能从众多的同类品牌中脱颖而出，得到消费者的青睐。

观察图5-1所示的宝丰裕品牌省内指标结构发现，宝丰裕的品牌知名度较高，认知度也超过了知名度的50%，且美誉度较接近认知度，这三项指标之间的比例表明该品牌的成长过程相对健康；但观其忠诚度，与美誉度的差距极大，这说明品牌在质量发展方面可能出现了一些问题，换言之，宝丰裕品牌只是空有名气，只有小部分消费者形成了重复购买的习惯，这严重影响了品牌的口碑传播以及忠诚消费者的形成。

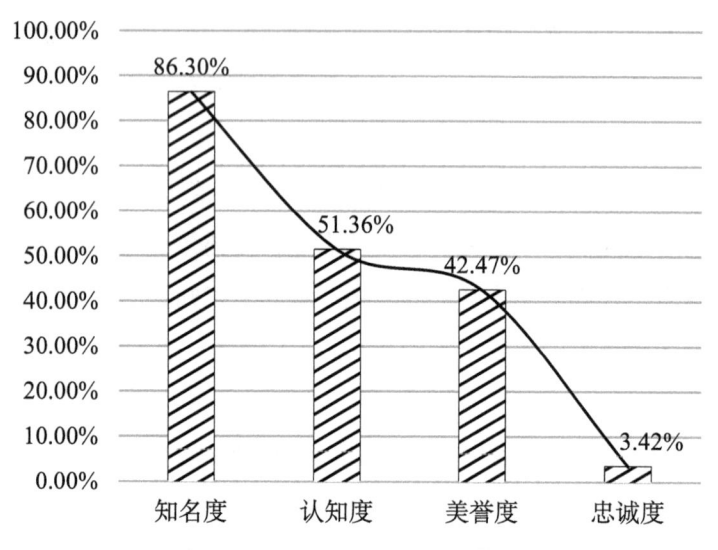

图 5-1　宝丰裕品牌省内指标结构

第二节　太原并州饭店

一、太原并州饭店品牌简介

并州，是太原的古称、别称，始于汉，成于宋，沿于今。并州饭店最早可溯源至辛亥革命时期，1985 年山西人民出版社发行的《今日太原》、1935 年出版的《太原指南》等均对并州饭店有过详细描述。直到抗日战争爆发后，太原沦陷，并州饭店被迫关闭。太原并州饭店是太原市最具代表性的商务、会议型三星级酒店，位于市中心五一广场西南侧，交通便利，观光、购物往来皆宜。

太原并州饭店始建于 1956 年，1957 年投入运营。太原并州饭店占据太原最优越的地理位置，拥有最便利的交通条件，兼具古朴典雅与现代气息的建筑风格，使其成为几代人拍照留念的背景。因其独特的文化代表性，2011年太原并州饭店被太原市人民政府列为市级文物保护单位。2013年升级改造后，太原并州饭店建筑面积达4.2万平方米，集唐代建筑风格与现代风貌于一体，拥有各类客房269间套；配备各种规格贵宾接待室、会议室、宴会厅、西餐厅、特色餐厅及康体等设施。太原并州饭店硬件完备与软件优质的巧妙融合，彰显出其深厚的文化底蕴。2013年5月，太原市委、市政府联合授予并州饭店"模范单位"称号。

晋菜历史悠久、底蕴深厚，在中国传统菜系中独树一帜。太原并州饭店开业至今，始终坚持晋菜的技艺传承和创新。根据社会发展和宾客消费习惯，在传统晋菜的基础上不断创新，以地方风味为主体，坚持弘扬传统制作工艺，保持特色菜品原汁原味，吸收粤、川、苏、鲁等菜系之精华，在选料、制作、色彩、品种上下足了功夫。

二、太原并州饭店品牌的基础指标与分析

太原并州饭店品牌的基础数据，如表5-2所示。

表5-2 太原并州饭店品牌的基础数据

指标范围	知名度（%）	认知度（%）	美誉度（%）	忠诚度（%）	品牌信息总量估值（万比特）
山西省内	80.14	57.30	32.88	8.22	11722.82766

由表5-2中的数据可知，太原并州饭店的知名度为80.14%，超过了知名度的第四个关键点61.80%，也非常接近知名度的第五个关键点，说明太原并州饭店的品牌知名度已经达到高水平状态，具有了充分的消费者认知和联想的基础，且此阶段的品牌较易产生自传播现象。

太原并州饭店的品牌认知度为57.30%，认知度的阈值为71.50%，此状态下的品牌认知度有效，传播效果充分，且其阈值远远超过50%，说

明太原并州饭店品牌在消费者之间产生了有效的自传播现象，为品牌的进一步发展奠定了较为坚实的基础。

太原并州饭店的品牌美誉度为32.88%，超过了品牌产生自传播效应的美誉度下限27.91%，品牌口碑溢出效果显著。品牌美誉度与认知度之间有一定的差距，说明品牌仍需要加强广告宣传以促使消费者对品牌形成正向反馈。

太原并州饭店的品牌忠诚度为8.22%，说明太原并州饭店已经出现部分消费者重复到该饭店用餐的现象，但品牌忠诚度与其美誉度有较大差距，说明品牌还需要在质量、口碑、服务等方面做出努力，来促进品牌美誉度向忠诚度的充分转化。

观察图5-2所示的太原并州饭店品牌省内指标结构可知，太原并州饭店的品牌知名度高，与宝丰裕的品牌知名度很接近，品牌认知度也超过了知名度的70%，这说明该品牌在消费者之间已经产生了非常广泛的自传播现象。品牌美誉度与认知度之间差距较大，需要促进品牌的正向

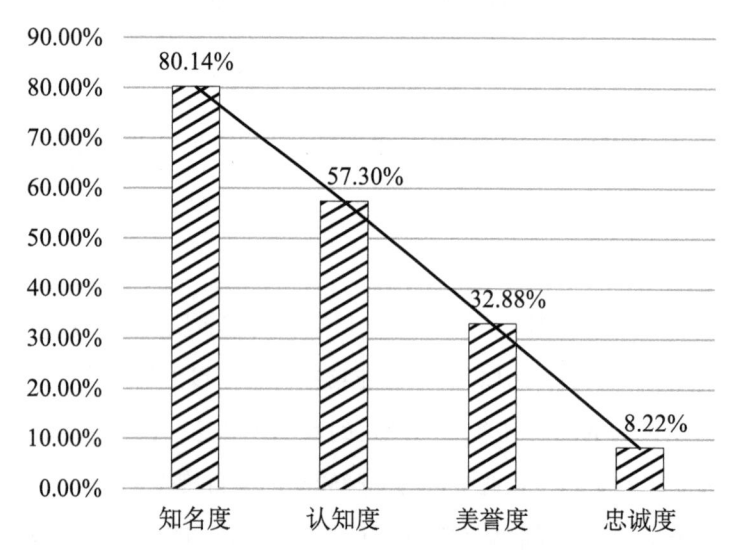

图5-2 太原并州饭店品牌省内指标结构

口碑传播。观其品牌忠诚度，与美誉度的差距极大，说明太原并州饭店只有小部分忠诚消费者，需要进一步提升自身产品品质和服务质量，以转化潜在消费者为忠诚消费者。

第三节　梨花春

一、梨花春品牌简介

梨花春酒是山西省朔州市应县历史名酒。梨花春酒具有悠久的历史，形成了独特的汉族传统酿造技艺。梨花春白酒采用以汾酒酿造工艺为代表的清香型蒸馏酒的传统酿造技艺，又融合了其他少数民族酿酒技艺中的先进经验，承载了中国北方不同时期的习俗风尚、农耕文化，以及多民族文化融合的历史酿酒技艺，具有鲜明的地域文化特征。2006年12月18日，蒸馏酒传统酿造技艺（梨花春白酒传统酿造技艺）入选山西省第一批省级非物质文化遗产名录。2008年6月7日，蒸馏酒传统酿造技艺（梨花春白酒传统酿造技艺）经国务院批准列入第二批国家级非物质文化遗产名录。2010年6月，山西梨花春酿酒集团有限公司注册生产的"梨花春白酒"被认定为中国驰名商标。2019年11月，"国家级非物质文化遗产代表性项目保护单位名单"公布，山西梨花春酿酒集团有限公司获得蒸馏酒传统酿造技艺（梨花春白酒传统酿造技艺）项目保护单位资格。2021年5月，入选第五批国家级非物质文化遗产代表性项目名录。

二、梨花春品牌的基础指标与分析

梨花春品牌的基础数据，如表 5-3 所示。

表 5-3　梨花春品牌的基础数据

指标范围	知名度（%）	认知度（%）	美誉度（%）	忠诚度（%）	品牌信息总量估值（万比特）
山西省内	76.92	38.89	23.72	5.77	17164.71805

由表 5-3 中的数据可知，梨花春的品牌知名度为 76.92%，超过了知名度的第四个关键点 61.80%，此时的品牌表现为在山西省内拥有高知名度，半数以上的消费者表现出明显的选择偏好，在无提示情境下的同类产品的购买选择中，半数以上的消费者会把梨花春作为主要消费选项。

梨花春的品牌认知度为 38.89%，其认知度阈值为 50.56%，略高于 50%，此时品牌认知度有效，传播效果充分，说明品牌在进行广告宣传或品牌传播过程中的投入有效，但仍需继续保持对品牌内容的传播，以扩大品牌影响力。

梨花春的品牌美誉度为 23.72%，与品牌认知度的差距较小，说明消费者对品牌的正向认知较强，但仍未充分转化。此时梨花春的品牌美誉度仅超过美誉度的第一个关键点 1.62%，消费者的口碑作用逐渐凸显出来，表现出更明显的消费者选择偏好，进入有效自传播效应发生时期。

梨花春的品牌忠诚度为 5.77%，有部分消费者成为梨花春的忠实消费者，但品牌美誉度与其忠诚度差距较大，消费者对品牌的正向认知未能充分转化为消费者对品牌的强烈偏好，品牌管理者需要不断提升产品质量、服务水平。

观察图 5-3 所示的梨花春品牌省内指标结构发现，梨花春的品牌知名度略低于太原并州饭店的品牌知名度，但也属于高知名度品牌，认知度达到了其知名度的 50%，品牌美誉度显著低于其认知度，但从三项指标之间的比例来看，该品牌处于良好状态。品牌忠诚度偏低，说明该品牌需要大力发掘潜在消费者，提升自身的品牌质量，赢得更多正向口碑，从而把潜在消费者转化为强偏好型消费者。

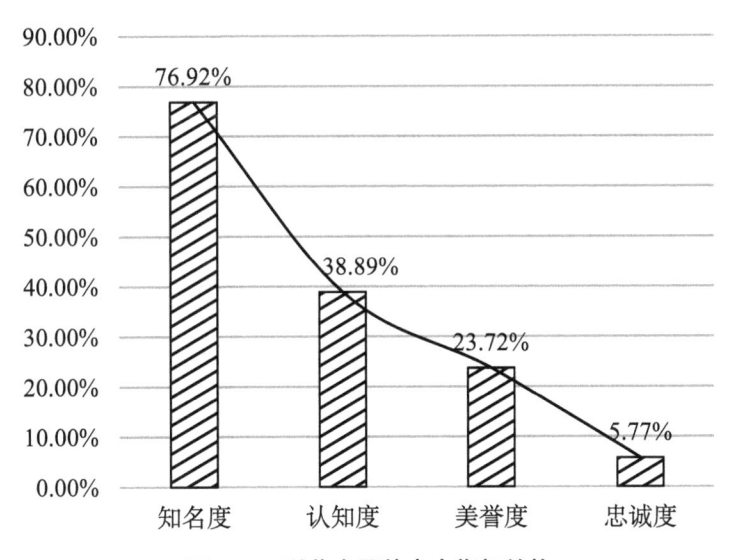

图 5-3 梨花春品牌省内指标结构

知名度 76.92%
认知度 38.89%
美誉度 23.72%
忠诚度 5.77%

第四节 认一力

一、认一力品牌简介

认一力饭店由河北籍山西省太原市著名厨师安海（1903—1982）（原名安桂月）创立，获"老字号企业"等称号。认一力饭店位于太原市桥头街西段南侧，是太原市一家有名的清真饭店，为伊斯兰风格的三层建筑，建筑面积 1300 平方米；一层为普通餐厅；二层是宴会厅，西墙镶嵌"麦加"风光大型瓷砖壁画；三层设有 KTV 包间。整个饭庄可同时容纳

450 名顾客就餐。

认一力饭店的前身是认一力清真饭店，由原经理安海创建于 1930 年。据说"认一力"品牌的名称是由安海之父安良田所起。因安良田信仰伊斯兰教，从教义中抽出"认一力"三个字为名沿用。"认一力"是中国饺子行业继沈阳"老边饺子"之后的第二家老字号企业，被誉为"华夏饺子之上品"。

二、认一力品牌的基础指标与分析

认一力品牌的基础数据，如表 5-4 所示。

表 5-4　认一力品牌的基础数据

指标范围	知名度（%）	认知度（%）	美誉度（%）	忠诚度（%）	品牌信息总量估值（万比特）
山西省内	69.80	32.88	24.83	6.71	6704.677462

由表 5-4 中的数据可知，认一力的品牌知名度为 69.80%，超过了知名度的第四个关键点 61.80%，此时的品牌可以称为高知名度品牌，具有了充分的消费者认知和联想的基础。品牌以提示型方式作为传播内容的主要方式，品牌管理的重心可以更多地放在公共关系活动中促进品牌美誉度的形成和发展的内容上。

认一力的品牌认知度为 32.88%，认知度的阈值为 47.11%，未达到知名度的 50%，但也较为接近，此时品牌认知度一般，传播效果较充分，消费者对品牌知识和信息的了解程度更高，对品牌美誉度的形成和发展产生了有益的影响。

认一力的品牌美誉度为 24.83%，与品牌认知度的差距较小，说明消费者对认一力品牌的正向认知更充分，在此阶段消费者的口碑效应逐渐凸显出来，正向传播效果显著，促进了消费者选择偏好的形成，并且品牌处于有效自传播效应发生阶段，极易发生品牌自传播骤增现象。

认一力的品牌忠诚度为6.71%，说明有部分消费者已经成为品牌的忠诚消费者。品牌美誉度远高于其忠诚度，说明消费者对品牌的正向传播效应未能实现充分转化，需要品牌在产品品质、服务、资质等方面有所提升，将消费者转化为强偏好型消费者。

观察图5-4所示的认一力品牌省内指标结构发现，认一力品牌的知名度较高，属于高知名度品牌，但品牌认知度未达到知名度的50%，美誉度与认知度的比例较为合理，说明消费者对品牌的认知程度有待提升，但对品牌的正向认知和评价较高。品牌忠诚度偏低，与美誉度的比例不合理，需要提高品牌的忠诚消费者的转化率。

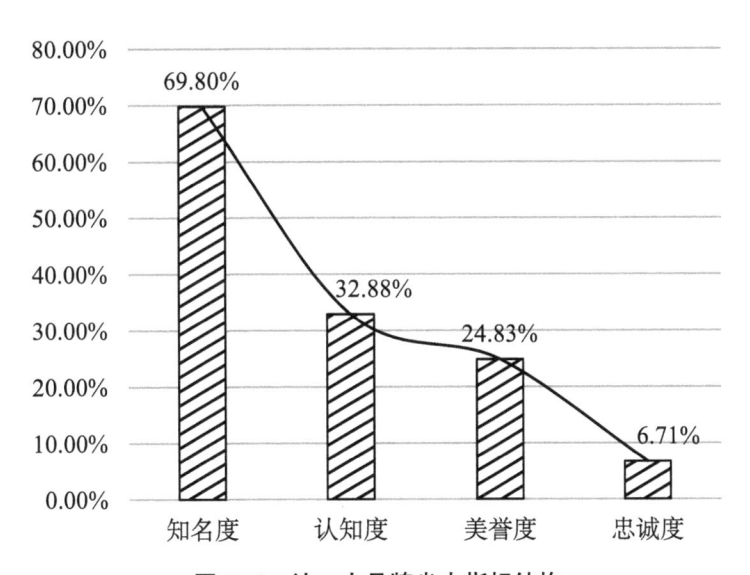

图5-4 认一力品牌省内指标结构

第五节　宝聚源

一、宝聚源品牌简介

"品味晋商五百年，平遥牛肉宝聚源。"宝聚源字号从光绪十四年创立以来，历经四代延续至今。公司现有平遥牛肉、驴肉、猪肉、鸡肉、低温保鲜等一系列产品，共有四大系列、七十余种产品规格。公司与麦德龙、大润发、欧尚、沃尔玛、家乐福、美特好、家家悦等全国大型商超建立了良好的产品销售合作伙伴关系，公司产品在天猫、京东、拼多多等电商平台均有销售，产品辐射山西、北京、上海、西安等全国20多个省市与地区。

山西省平遥县宝聚源肉制品股份有限公司位于世界文化遗产平遥古城平南路11号，是平遥牛肉核心产区。宝聚源一厂占地面积10亩（1亩≈0.000667平方千米），二厂生产基地占地65亩，是以平遥牛肉、老汤驴肉为主导产品，从事高温、低温肉制品加工的传统老字号企业。宝聚源平遥牛肉是国家地理标志保护产品，其企业是三晋老字号、山西省农业产业化企业。

多年来公司一直秉持"以义为上，以质为先，以人为本"的经营理念，缔造健康食品，传播仁和文化。

二、宝聚源品牌的基础指标与分析

宝聚源品牌的基础数据，如表5-5所示。

表5-5　宝聚源品牌的基础数据

指标范围	知名度（%）	认知度（%）	美誉度（%）	忠诚度（%）	品牌信息总量估值（万比特）
山西省内	63.58	32.01	23.18	7.95	12356.04151

由表 5-5 中的数据可知，宝聚源的品牌知名度为 63.58%，略高于知名度的第四个关键点 61.80%，属于高知名度品牌。此时，半数以上的消费者表现出明显的选择偏好，日常购买同类产品时，宝聚源会成为这部分消费者的主要选项。

宝聚源的品牌认知度为 32.01%，阈值为 50.35%，达到了知名度的 50%，此时品牌认知度有效，传播效果较充分。宝聚源仍需加大品牌知识和信息的宣传力度，让更多的消费者对该品牌有正确的、较清晰的认知。

宝聚源的品牌美誉度为 23.18%，接近品牌产生自传播效应的指标下限，在这一阶段，品牌在消费者之间的正向传播越来越广泛，使消费者对宝聚源品牌产生选择偏好，口碑效应的作用更加显著，消费者对该品牌的营销理念、产品服务等的评价处于中等偏上水平。

宝聚源的品牌忠诚度为 7.95%，说明品牌在经营传播过程中收获了一部分忠诚消费者，观其美誉度与忠诚度之间的差距可知，仍有很多潜在消费者对宝聚源品牌处于观望状态，该品牌的产品未能成为其首选产品，而是主要选项之一。

观察图 5-5 所示的宝聚源品牌省内指标结构发现，宝聚源的品牌知名度略低于认一力，两个品牌的指标特征相似。品牌认知度与美誉度两项指标的比例合理，该品牌的发展状态相对健康，但从品牌忠诚度来看，与美誉度差距很大，说明山西省消费者对该品牌产品的重复购买率较低，需要加大力度提升品牌的产品品质、服务质量等。

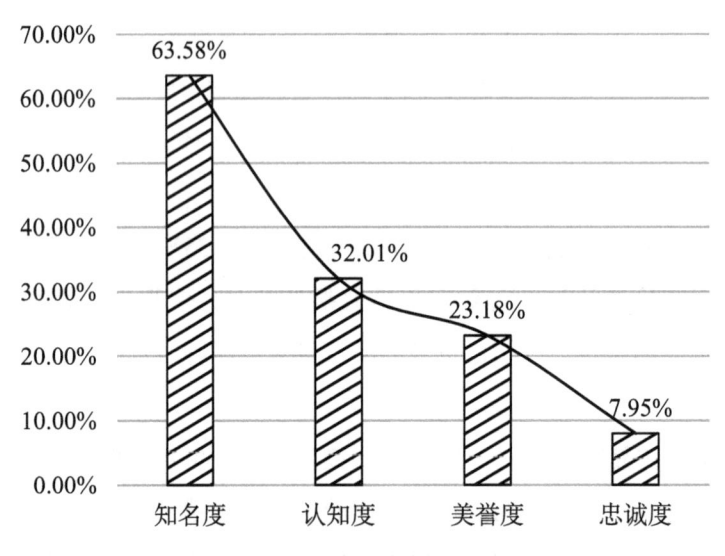

图 5-5　宝聚源品牌省内指标结构

第六节　白鸽

一、白鸽品牌简介

白鸽，山西省著名商标。太原白鸽服装有限责任公司创立于1955年，是由原国营太原服装厂整体改制而成的股份制企业。公司总资产1.2亿元，有员工450余人，年产值5000万元，年产服装150万件，是山西省规模型全功能服装生产经营企业。

该公司拥有先进齐全的购自日本、意大利、德国等国家的服装生产设备，配套组成西服、衬衣、特种劳动防护用品等多条生产流水线，拥有雄厚的技术力量，具有服装定制高、中级专业技术职称的职工有90多人，工艺先进，管理科学，已通过ISO9001质量管理体系和ISO14001环境管理体系认证，是山西省守合同重信用单位，也是山西省劳动防护服装定点生产单位，获得了国家安全生产监督管理总局特种劳动防护用品安全标志管理中心颁发的特种劳动防护用品安全标志证书。该公司多次被市委、市政府、省政府命名为"文明单位""文明标兵单位""模范企业""最佳企业""山西省AAA级企业""山西省重合同守信用企业"。

该公司的主要产品为"白鸽"牌衬衫、西服、职业服、女时装、童装等系列产品，其中衬衫、西服、女时装、童装荣获中国质量检验协会"中华之光名牌产品"称号，"白鸽"牌男衬衫被中国服装协会评为国家名优产品。"白鸽"牌商标被山西省工商行政管理局认定为"山西省著名商标"。多年来，企业为客户设计制作过税务、民航、邮电、铁路、公路、石油、法院、酒店等职业服装以及警服、保安服、交通制服，"白鸽"牌系列服装不仅行销国内，而且出口到欧美、澳大利亚、东南亚、俄罗斯等国家和地区。

二、白鸽品牌的基础指标与分析

白鸽品牌的基础数据，如表5-6所示。

表5-6 白鸽品牌的基础数据

指标范围	知名度（%）	认知度（%）	美誉度（%）	忠诚度（%）	品牌信息总量估值（万比特）
山西省内	60.90	26.49	17.95	4.49	5112.71174

由表5-6中的数据可知，白鸽的品牌知名度为60.90%，非常接近知名度的第四个关键点61.80%，消费者对这一品牌的认知程度加深，能够辨别白鸽的品牌LOGO，作为山西省内的服装品牌，品牌的高知名度也体现了省内消费者能够大致描述白鸽品牌的广告内容、品牌内涵或产品风格等。

白鸽的品牌认知度为26.49%，认知度的阈值为43.50%，未达到知名度的50%，此时的品牌表现为认知程度一般，传播效果一般，品牌能够在消费者之间产生较为有效的认知，近半数的消费者对品牌的知识和信息有更多的了解，但仍需加大宣传，提高品牌认知度。

白鸽的品牌美誉度为17.95%，与认知度之间存在一定的差距，说明消费者对品牌的认知未能充分地转化为对品牌的正向认知。此阶段的品牌处于有效自传播发生时期，消费者的口碑作用逐渐凸显出来，消费者偏好也越来越明显。

白鸽的品牌忠诚度为4.49%，此时品牌已经拥有一部分忠诚消费者，为品牌扩大传播奠定了基础，但品牌的美誉度与忠诚度差距较大，说明消费者对品牌的正向认知未能充分转化为品牌忠诚度，重复购买率较低。

观察图5-6所示的白鸽品牌省内指标结构可知，白鸽的品牌知名度远高于其认知度，品牌认知度高于其美誉度，品牌美誉度高于其忠诚度，呈现逐级下降趋势，说明该品牌之前可能有过大规模的广告活动，依靠

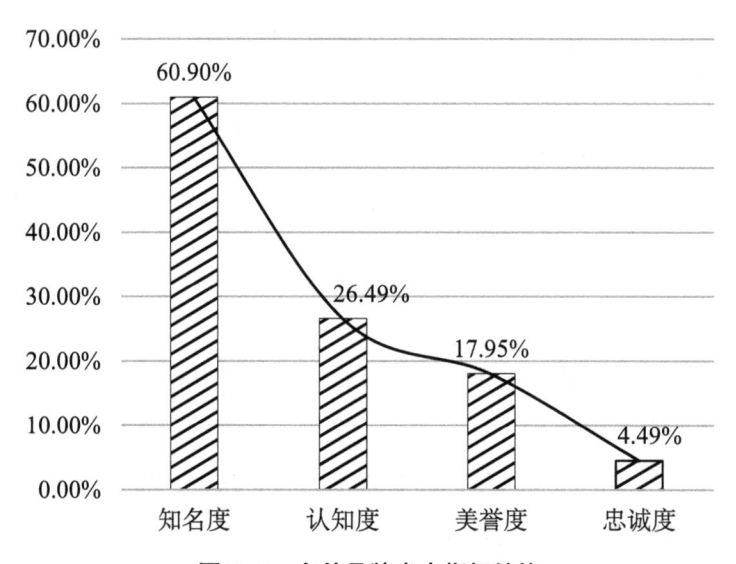

图5-6 白鸽品牌省内指标结构

高密度的广告传播获得了较高的知名度，对消费者产生了一定的影响力；但消费者对品牌未能形成充分的认知，且忠诚度偏低，说明该品牌在产品质量、服务水平等方面未能得到消费者的认可，未形成充分的品牌偏好。

第七节 晋升

一、晋升品牌简介

晋升品牌为平遥县晋升食品有限公司所有，该公司主要经营范围为食品生产、加工、销售，农副食品加工，食品加工技术开发、咨询、转让，谷物及其他农作物种植，农产品初加工，餐饮管理及餐饮、住宿服务，酒吧、咖啡厅经营，批发、零售，预包装兼散装食品、烟、百货、工艺品、文创产品，商务文化、学术交流、咨询服务，企业形象策划，互联网信息服务，电子商务，计算机软件开发、销售，展览展示服务，等等。

二、晋升品牌的基础指标与分析

晋升品牌的基础数据，如表 5-7 所示。

表 5-7 晋升品牌的基础数据

指标范围	知名度（%）	认知度（%）	美誉度（%）	忠诚度（%）	品牌信息总量估值（万比特）
山西省内	59.21	27.85	20.39	5.26	9240.551532

由表 5-7 中的数据可知，晋升的品牌知名度为 59.21%，未达到知名度的第四个关键点 61.80%，消费者对品牌产生了较深的认知，能够辨识

该品牌 LOGO，产生了明显的消费者区隔，此时品牌具有了对消费者选择偏好的影响力，成为有用的竞争工具，在竞争中具有明显的作用。

晋升的品牌认知度为 27.85%，认知度的阈值为 47.04%，此时品牌的认知程度一般，传播效果一般。消费者对品牌的知识和信息的了解程度更高，该品牌一般具有一定的联想度，使品牌延伸成为可能。

晋升的品牌美誉度为 20.39%，未能高于品牌认知度，说明消费者对品牌的认知尚未充分转化为对品牌的赞许，消费者选择偏好没有充分形成。必要时品牌需要进行消费者调研，来探明品牌本身或产品存在哪些问题。

晋升的品牌忠诚度为 5.26%，说明部分消费者对品牌有了较高的忠诚度，成为该品牌的强偏好型消费者，但消费者对品牌的正向认知未能充分转化为对品牌的重复购买，两者间存在较大的差距。

观察图 5-7 所示的晋升品牌省内指标结构可知，晋升的品牌知名度、认知度、美誉度、忠诚度四项指标呈现逐级下降趋势，知名度相较于其他

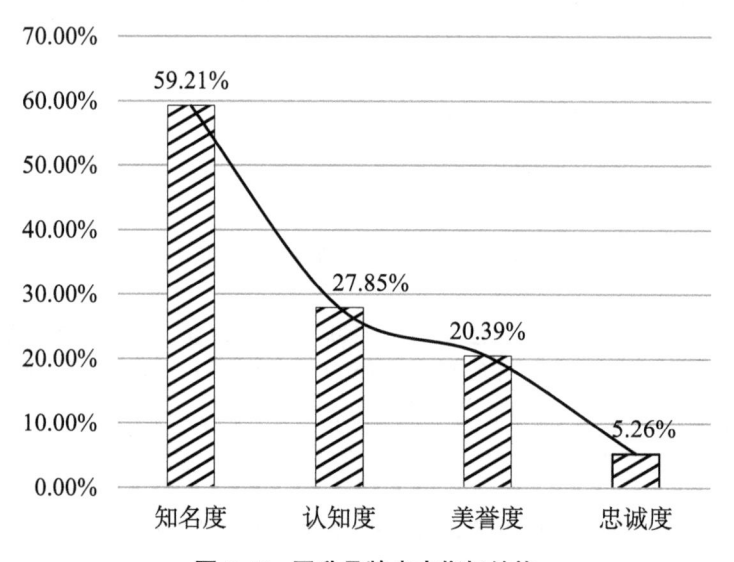

图 5-7 晋升品牌省内指标结构

三项指标来说数值较高，认知度尚未达到知名度的 50%，美誉度也未能超过认知度，消费者对晋升的品牌认知程度以及正向传播效果不显著，可能与其不注重广告宣传与产品服务相配合有关。

第八节　晋韵堂

一、晋韵堂品牌简介

晋韵堂是山西地区一家经营古泽州铁货文化品牌的公司，创始于 2012 年，为晋城市晋氏实业有限公司旗下的投资股份有限公司。晋韵堂致力于铁器类文化创意产品的研发和市场推广，以及电陶炉等相关配套产品的委托代理、生产、销售，长期研发独具三晋文化特色的铁制产品，发展中国传统文化，推广健康的养生理念。晋韵堂的主要产品有铁壶、铁锅、铁制文化用品等。

近年来，山西省大力推动文化产业发展。晋韵堂作为晋城市重点文化企业，是一家专注于铁器的品牌，以持续的原创设计，成为传承非遗铁器的典范品牌，这份努力也得到各级领导的关心与支持。在晋韵堂展厅，一步一美器，一壶一乾坤，点滴细节无不彰显出非凡工艺，传承所缔造出的时间艺术让在场的每一位都惊叹不已，领导组特别对晋韵堂传承技艺的钻研精神表示了高度赞赏。通过多年的技术研发、创意创新，晋韵堂让非遗铁器在现代社会中重新焕发光彩，涵养出更加深厚的文化自信。

二、晋韵堂品牌的基础指标与分析

晋韵堂品牌的基础数据，如表 5-8 所示。

表 5-8　晋韵堂品牌的基础数据

指标范围	知名度 （%）	认知度 （%）	美誉度 （%）	忠诚度 （%）	品牌信息总量估值 （万比特）
山西省内	58.23	27.00	17.72	3.16	7773.160911

由表5-8中的数据可知，晋韵堂的品牌知名度为58.23%，接近知名度的第四个关键点61.80%，此时的品牌表现为在消费者之间具有了一定的认知基础，其品牌LOGO、广告宣传、品牌理念、服务内容等虽为消费者所了解，但未能达到认识深刻的程度。品牌成为竞争工具，且作用显著。

晋韵堂的品牌认知度为27.00%，认知度的阈值为46.37%，未能达到知名度的50%。此认知程度下的品牌表现为，消费者对其知识和信息有所了解，但未能真正理解其品牌内涵，对品牌传播有一定的正向影响。

晋韵堂的品牌美誉度为17.72%，处于品牌自传播效应发生时期，此时消费者的口碑作用逐渐凸显出来，消费者的选择偏好越来越明显。品牌美誉度低于其认知度，说明消费者对品牌的正向认知得到了较充分的转化，促进了品牌正向传播效应的产生。

晋韵堂的品牌忠诚度为3.16%，与其美誉度的差距较大，说明虽然有部分消费者转化为品牌的强偏好型消费者，但仍有大部分消费者即便对该品牌有较高的正向评价，也未能做出重复购买行为。

观察图5-8所示的晋韵堂品牌省内指标结构发现，晋韵堂的品牌美誉度和忠诚度偏低，尤其是其忠诚度仅为3.16%，且品牌认知度未到知名度的50%，说明该品牌可能在前期进行了大量的广告宣传，注重品牌知名度的提升，但在产品品质、服务质量、品牌理念传达等方面严重疏忽了，品牌需要提升自身的硬实力，而非过分注重产品外包装。

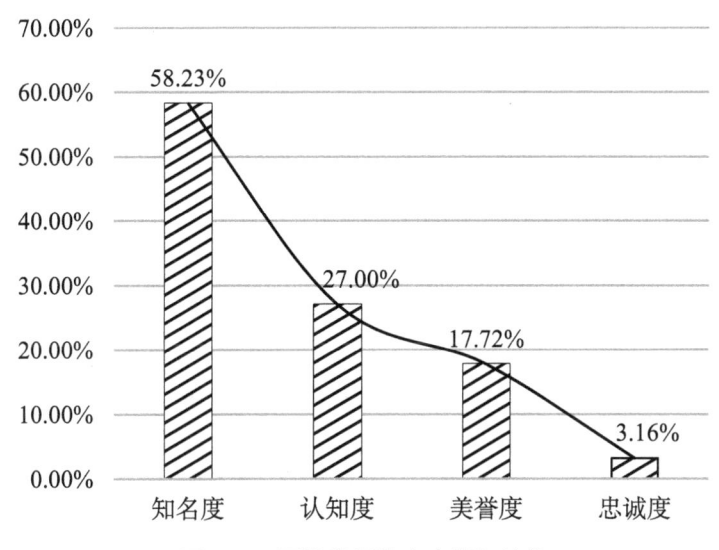

图 5-8　晋韵堂品牌省内指标结构

第九节　孙记包子

一、孙记包子品牌简介

孙记包子,发源于中国古都山西大同,筹建于1999年。2001年,孙记包子在大同市白泊洼社区开设首家百姓中餐厅,以优质的菜品、热情的服务赢得了广大消费者的青睐,创造出了"无名小店一座难求"的盛况。2004年,经过短短五年的发展,孙记包子新胜里店在千万食客的期盼中盛大开业,这也是孙记企业品牌发展的一个重要里程碑。2010年,为了取得更大的发展,公司在大同市操场城西街开设了第一家现代意义上的中式快餐品牌连锁店,从此开始了中餐、快餐并驾齐驱的双向发展模式。

截至2019年,企业现有员工1700余名,共开设连锁快餐店38家、中餐店1家、快捷酒店1家,发展至今已成为集快餐、中餐、酒店住宿为一体的现代化餐饮企业，品牌形象辐射大同、朔州、包头、呼和浩特等地，得到了广大市民与社会各界的一致认可。多年来，企业获得了"中华餐饮名店""中国晋菜优质品牌企业""大同市名菜名吃""诚信单位""世界面食大会最具创新精神奖"等诸多荣誉。

二、孙记包子品牌的基础指标与分析

孙记包子品牌的基础数据，如表5-9所示。

表5-9 孙记包子品牌的基础数据

指标范围	知名度（%）	认知度（%）	美誉度（%）	忠诚度（%）	品牌信息总量估值（万比特）
山西省内	58.28	35.54	21.85	3.31	5787.368883

由表5-9中的数据可知，孙记包子的品牌知名度为58.28%，接近知名度的第四个关键点61.80%，半数以上的消费者表示对品牌非常熟悉，能够辨识其LOGO，产生了明显的消费者区隔。此时的品牌具有了对消费者偏好的影响力，成为有用的竞争工具。

孙记包子的品牌认知度为35.54%，认知度阈值为60.98%，超过了知名度的50%，品牌此时具有了一定的联想度，使品牌延伸成为可能。消费者不仅知晓孙记包子，而且了解品牌更多的知识和信息，在消费者之间产生了有效的影响。

孙记包子的品牌美誉度为21.85%，低于品牌认知度，说明消费者对品牌的认知还未能充分转化为正向传播效应。此阶段的品牌处于有效自传播效应发生时期，极易发生品牌自传播骤增现象，消费者偏好也愈加凸显出来。

孙记包子的品牌忠诚度为3.31%，说明有部分消费者成为品牌的忠诚消费者，但由于品牌美誉度与其忠诚度差距较大，所以具有品牌偏好的消费者未能形成重复购买，孙记包子不是消费者在同类产品选择中的首选品牌。

观察图5-9可知，孙记包子品牌省内指标呈现逐级下降结构，品牌获得了较为有效的认知度，消费者对品牌的认知也达到了较高的程度，说明品牌的传播效果较好。品牌美誉度与忠诚度偏低，其忠诚度仅为3.31%，说明消费者对品牌具有有限的赞许，且重复购买率极低，品牌需要在产品品质、服务质量、品牌理念等方面提高重视程度。

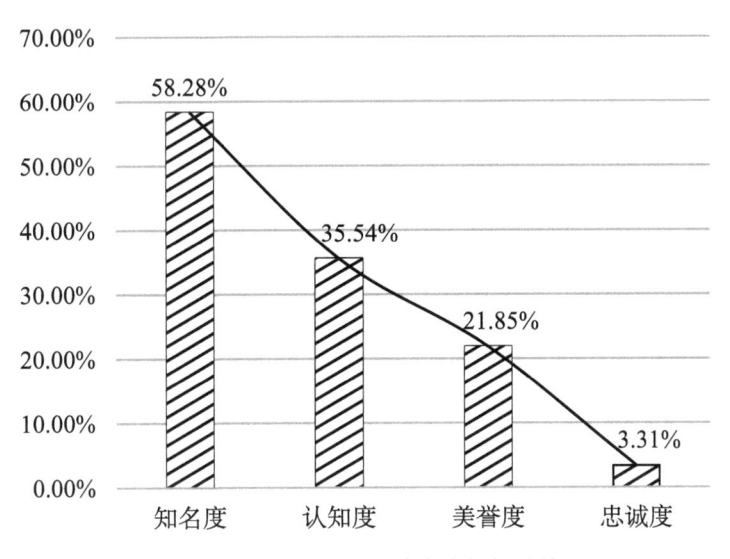

图5-9 孙记包子品牌省内指标结构

第十节 胡氏荣茶

一、胡氏荣茶品牌简介

胡氏荣茶始创于道光二十八年（1848年），其牌匾为三代帝师祁寯藻题赠，至今已有170余年的历史，是山西省晋茶老字号"活化石"之一。

山西胡氏荣茶健康茶产业有限公司始终贯彻"生产、加工、销售"的产业链和"公司＋基地＋农户"的市场运营模式，秉承"学习、务实、合作、创新"的经营理念。公司目前是一家集生产、加工、销售、科研为一体，涉及茶叶、茶籽油、野生崖蜜等产品生产、研发、销售、基地建设、旅游等茶文化相关产业的现代化企业。2017年11月，胡氏荣茶以百年传承的技艺入选晋中市非物质文化遗产；2018年3月，胡氏荣茶顺利入选三晋老字号，在国茶领域中享有较高知名度。现深度合作开发药茶，主要包括连翘茶、毛健茶、黄芩茶、桑叶茶、柿叶茶、沙棘茶等药食同源茶品。

二、胡氏荣茶品牌的基础指标与分析

胡氏荣茶品牌的基础数据，如表5-10所示。

表5-10　胡氏荣茶品牌的基础数据

指标范围	知名度（%）	认知度（%）	美誉度（%）	忠诚度（%）	品牌信息总量估值（万比特）
山西省内	57.69	17.73	22.44	5.13	7990.224612

由表5-10中的数据可知，胡氏荣茶的品牌知名度为57.69%，超过知名度的第三个关键点37.50%，此时的品牌表现为消费者对品牌的内涵、广告宣传内容或产品服务较为熟悉，品牌知名度未达到饱和程度，在维持品牌知名度的同时，也需要继续加大品牌宣传，以促进美誉度的形成和发展。

胡氏荣茶的品牌认知度为17.73%，认知度阈值为30.73%，未达到知名度的33.33%，此时品牌认知度不足，传播效果不充分。消费者对品牌的认知程度不高，对品牌的深度内涵、历史渊源等理解不深，未能形成有效的影响。

胡氏荣茶的品牌美誉度为22.44%，略高于品牌认知度，说明消费者对品牌的正向认知度较高，美誉度具有溢出效应，对品牌的传播具有积极的推动作用。此时品牌应该尽快提高品牌认知度，为美誉度的稳定增长奠定坚实的基础，提高品牌的抗风险能力。

胡氏荣茶的品牌忠诚度为5.13%，说明胡氏荣茶已拥有一部分强偏好型消费者，为品牌的推广打下了基础。品牌美誉度明显高于品牌忠诚度，说明消费者的重复购买率与品牌正向认知比例不合理，需要进行更加充分的转化。

观察图5-10所示的胡氏荣茶品牌省内指标结构发现，该品牌省内指标结构与次优结构接近，知名度与认知度的比值未能达到次优结构的要求。品牌美誉度高于其认知度，说明该品牌可能出现了品牌自传播现象，但没有充分认知做基础的品牌美誉度并不稳定，极容易流失，造成品牌结构的大幅变化，危害品牌结构的稳定性，并且品牌忠诚度低于其美誉度，消费者的重复购买率较低，与品牌的高美誉度不相符。

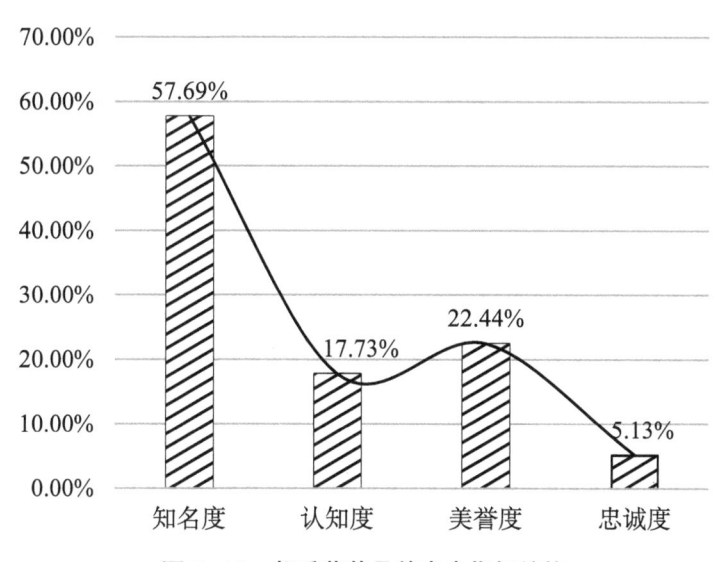

图5-10 胡氏荣茶品牌省内指标结构

第十一节　顺天立

一、顺天立品牌简介

山西顺天立大健康产业集团有限公司于2005年9月20日成立，法定代表人胡瑾瑜，公司经营范围包括供应链管理，建材、钢材、办公用品、服装鞋帽、电子产品、家用电器、消杀用品、日用品、化妆品、计算机硬件及辅助设备、果品、蔬菜、乳制品、肉及肉制品、水产品、蛋类、调味品、粮油制品、土特产品、饮料、酒类、散装食品的销售，净菜分装，保健食品、预包装食品（含冷藏冷冻食品）的销售，企业管理咨询，组织会议服务，仓储信息咨询，普通货物仓储及装卸，道路货物运输，等等。

二、顺天立品牌的基础指标与分析

顺天立品牌的基础数据，如表5-11所示。

表5-11　顺天立品牌的基础数据

指标范围	知名度（%）	认知度（%）	美誉度（%）	忠诚度（%）	品牌信息总量估值（万比特）
山西省内	54.05	21.62	20.27	6.08	3549.001156

由表5-11中的数据可知，顺天立的品牌知名度为54.05%，超过了知名度的第三个关键点37.50%，此时品牌表现为，半数以上的消费者不仅对品牌的认知程度深，而且能够辨别品牌LOGO、产品服务等内容，产生了明显的消费者区隔。

顺天立的品牌认知度为21.62%，认知度的阈值为40%，未达到知名度的50%，但超过了知名度的33.33%，品牌认知度一般，传播效果一般。

此时品牌具有一定的联想度，使品牌延伸成为可能。

顺天立的品牌美誉度为20.27%，与品牌认知度非常接近，说明消费者在体验该品牌的产品和服务之后表示相当满意，消费者的口碑作用逐渐凸显出来，引起正向传播效应。

顺天立的品牌忠诚度为6.08%，与美誉度相比，品牌忠诚度偏低，说明消费者虽然对该品牌有较高的赞许，但强偏好型消费者不多，在同类产品的购买选择当中，若无他人提示，不会把顺天立作为消费的首要选项。

观察图5-11所示的顺天立品牌省内指标结构可知，知名度相较高于其他三项指标，这一结构类似于品牌次优结构，但品牌认知度与知名度的比值未达到50%，品牌忠诚度较低。品牌需要加强广告宣传，同时应注重提高产品品质，开发品牌的独特性，以期获得广大消费者的青睐。

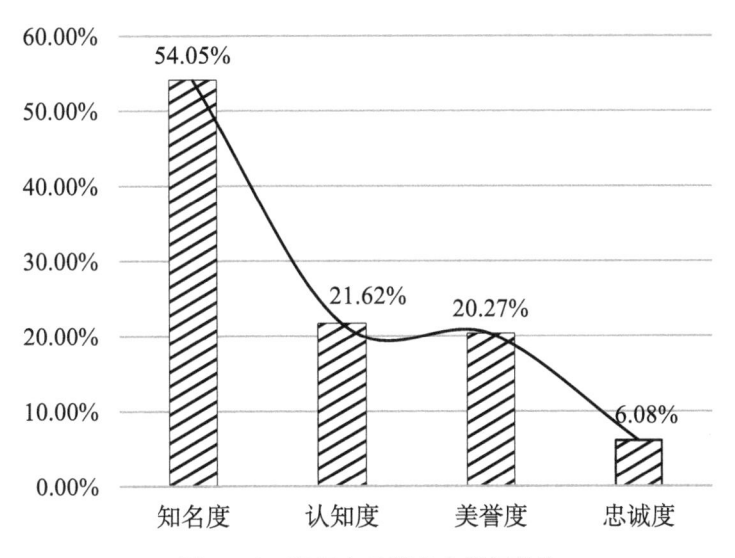

图5-11 顺天立品牌省内指标结构

第十二节 刘老醯儿

一、刘老醯儿品牌简介

刘老醯儿是山西刘老醯儿醋业有限公司旗下品牌。2020年，刘老醯儿老陈醋制作技艺被列入非物质文化遗产名录，同年，刘老醯儿老陈醋被山西省商务厅认证为三晋老字号、诚信经营放心单位。

刘老醯儿醋以高粱、苦荞、燕麦、黍米、小米五种粮食为主料，以麦麸曲为糖化剂，以红心大曲为发酵剂，以醋母为发酵引子。刘老醯儿共有陈醋、老陈醋、刘老醯儿老陈醋、刘老醯儿味醋四个产品系列、上百个品种。刘老醯儿将山西老陈醋与大同味醋融合，生产出红枣醋、枸杞醋、桑葚醋、清香醋、黑苦荞醋。

刘老醯儿醋坊2021年获"国家专利产品"3项、版权著作权1项。

二、刘老醯儿品牌的基础指标与分析

刘老醯儿品牌的基础数据，如表5-12所示。

表5-12 刘老醯儿品牌的基础数据

指标范围	知名度（%）	认知度（%）	美誉度（%）	忠诚度（%）	品牌信息总量估值（万比特）
山西省内	53.19	23.17	16.31	4.26	6126.219896

由表5-12中的数据可知，刘老醯儿的品牌知名度为53.19%，超过了知名度的第三个关键点37.50%，此时半数以上的消费者对该品牌较为熟悉，能够辨识品牌的LOGO，对品牌的广告宣传、产品服务等较为了解，品牌正在成为有用的竞争工具且作用日益凸显。

刘老醯儿的品牌认知度为23.17%，认知度的阈值为43.56%，未达到

知名度的50%，品牌认知程度一般，传播效果一般。此时，品牌具有了一定的认知度，会在消费者之间产生一定的联想，有利于品牌延伸。

刘老醯儿的品牌美誉度为16.31%，低于品牌认知，消费者对品牌的认知和传播并未完全转化为对品牌的赞许，且其品牌美誉度突破了美誉度的第一个关键点1.62%，处于有效自传播效应发生时期，应充分利用消费者的口碑作用，促进消费者产生选择偏好，使正向传播效应的作用范围不断扩大。

刘老醯儿的品牌忠诚度为4.26%，明显低于品牌美誉度，说明消费者对品牌的正向认知未能充分转化为消费者对品牌的强偏好。同时，品牌自身的产品、服务等也未能使大部分消费者感到满意，不能成为其购买选择中的主要选项。

观察图5-12所示的刘老醯儿品牌省内指标结构发现，刘老醯儿的品牌知名度和认知度差距较大，品牌忠诚度明显低于其美誉度，这一结果说明该品牌可能在前期做过大量的广告宣传，但传播效果不显著，导致

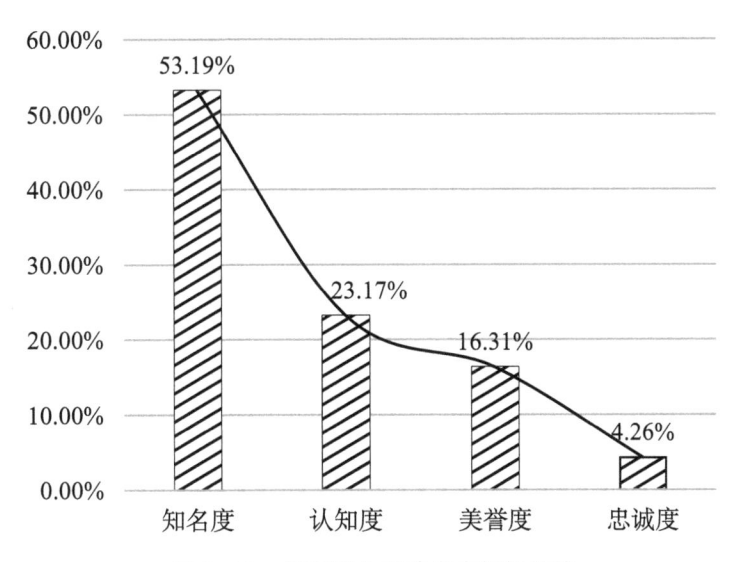

图5-12 刘老醯儿品牌省内指标结构

消费者对品牌的认知程度偏低。从忠诚度指标来看，消费者中品牌强偏好者较少，山西省作为醋产业大省，醋品牌众多，这也是造成刘老醯儿品牌忠诚度低的原因之一。

第十三节　喜蓉

一、喜蓉品牌简介

晋中市喜蓉食业有限公司（以下简称"喜蓉公司"）以晋商传统名吃"太谷饼"为主导产品。公司以传统配方结合现代工艺和质量安全理念，将拥有300年历史的太谷饼产销全国，使消费者认识了晋商高品位的饮食文化。公司产品连续荣获"2001年度中国国际农业博览会名牌产品""中国放心食品"等荣誉称号，并获得"全国工业产品生产许可证"，"喜蓉"也被评为"著名"商标。公司与山西农业大学食品科学院共同研发的具有自主知识产权的红枣罐头和地瓜罐头填补了国内外该领域的空白。

二、喜蓉品牌的基础指标与分析

喜蓉品牌的基础数据，如表5-13所示。

表5-13　喜蓉品牌的基础数据

指标范围	知名度（%）	认知度（%）	美誉度（%）	忠诚度（%）	品牌信息总量估值（万比特）
山西省内	49.09	21.41	16.36	3.64	5472.215416

由表 5-13 中的数据可知，喜蓉的品牌知名度为 49.09%，超过了知名度的第三个关键点 37.50%，品牌在消费者之间的认知程度较高，具有了对消费者选择偏好的影响力，并产生了明显的消费者区隔，为品牌的广泛传播奠定了良好的基础。

喜蓉的品牌认知度为 21.41%，认知度的阈值为 43.61%，非常接近知名度的 50%，此时的品牌表现为认知程度一般，传播效果一般。消费者了解品牌的更多知识和信息，并产生了较为有效的品牌传播效应。

喜蓉的品牌美誉度为 16.36%，突破了美誉度的第一个关键点 1.62%，此时的品牌处于有效自传播效应发生时期，消费者的口碑作用逐渐凸显出来。该品牌的认知度与知名度的阈值较高，说明消费者对该品牌有了较为充分的认知，但因对产品或服务体验后没有形成一定的满意度，或者有其他品牌的干扰，导致部分消费者即使对品牌有了充分认知也没有达到自传播的程度。

喜蓉的品牌忠诚度为 3.64%，与美誉度差距较大，出现了品牌的自传播能力无法向重复购买率转化的问题。虽然厂商可能在品牌宣传方面投入了较大成本，但无法把众多的潜在消费者转化为强偏好型消费者，也就不能从营销过程中获取更多的利益。

观察图 5-13 所示的喜蓉品牌省内指标结构发现，喜蓉的品牌认知度与美誉度较为接近，但知名度与认知度、美誉度与忠诚度差距较大，尤其是品牌忠诚度非常低。这可能是因为喜蓉品牌的产品不够丰富，产品的口感、外观、配料等未能赢得消费者的青睐，产品的创新力度有待提升。

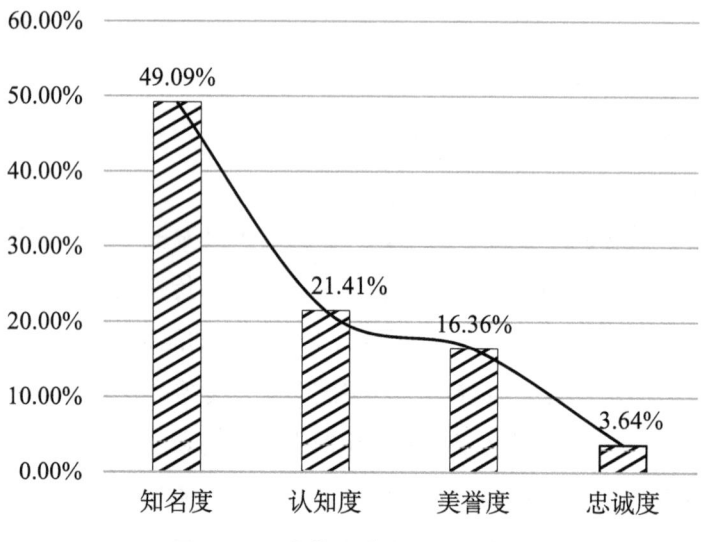

图 5-13　喜蓉品牌省内指标结构

第十四节　恒宗

一、恒宗品牌简介

恒宗为山西省大瑞食品加工有限公司旗下品牌，主要传承产品为"恒宗"牌浑源凉粉，位于我国道教圣地北岳恒山脚下，成立于 2005 年 11 月，是浑源县最早专业从事农副产品加工的新兴高科技个人独资企业。

公司产品包括"恒宗"浑源凉粉、"向前"浑源莲花豆、"向前"浑源油辣椒、"向前"浑源恒山特产（野蘑菇、辣椒油、豆腐干、炒大豆、莲花豆、黄芪）、小杂粮和四季鲜苦菜等系列产品，"恒宗"也被评为大同市知名商标。

二、恒宗品牌的基础指标与分析

恒宗品牌的基础数据，如表 5-14 所示。

表 5-14 恒宗品牌的基础数据

指标范围	知名度（%）	认知度（%）	美誉度（%）	忠诚度（%）	品牌信息总量估值（万比特）
山西省内	47.34	16.76	14.20	7.10	4259.351211

由表 5-14 中的数据可知，恒宗的品牌知名度为 47.34%，超过了知名度的第三个关键点 37.50%，此时的品牌表现为，半数以上的消费者对品牌认知程度深，并对品牌的产品服务、广告宣传等有所了解，产生了明显的消费者区隔，此时品牌能够作为有用的竞争工具，且作用明显。

恒宗的品牌认知度为 16.76%，阈值为 35.40%，未能突破知名度的 50%，但超过了知名度的 33.33%，品牌的认知程度一般，传播效果一般。半数以上的消费者对品牌的知识和信息有了更多的认知，并产生了较好的传播效果。

恒宗的品牌美誉度为 14.20%，突破了美誉度的第一个关键点 1.62%，此时的品牌表现为口碑作用明显，消费者偏好越来越明显。品牌美誉度与认知度非常接近，说明对品牌有充分认知的消费者都变成了品牌的口碑传播者，消费者对品牌的产品和服务相当满意，并向其他消费者推荐。

恒宗的品牌忠诚度为 7.10%，与美誉度差距较大，但达到了美誉度的 50%，这说明品牌的正向传播较充分地转化为消费者对品牌的强偏好，但对于品牌厂商来说，此时忠诚度的转化可能远远不够，厂商从中获取的收益不及为品牌宣传所付出的努力和投入。

观察图 5-14 所示的恒宗品牌省内指标结构发现，恒宗的品牌认知度与美誉度非常接近，但知名度与认知度的差距较大，说明品牌前期所做的大量广告宣传可能未达到相应的传播效果，消费者对该品牌的认知水平仍处于仅知晓的程度。

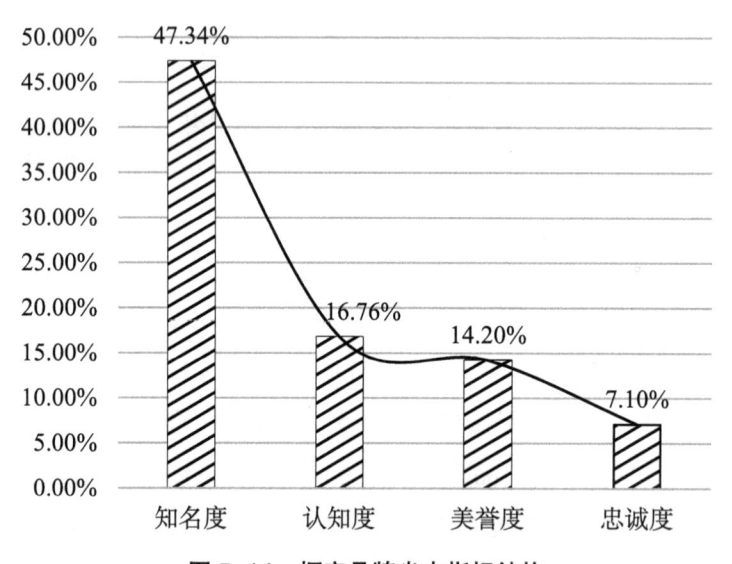

图 5-14　恒宗品牌省内指标结构

第十五节　潞牌

一、潞牌品牌简介

长治市潞酒有限公司前身是长治市潞酒厂，该厂建立 50 余年，由已具数百年历史的"潞酒"古坊改组。始终以传承古方、酿造正宗口味的潞酒为宗旨，年产潞酒系列产品 8000 余吨。1989 年被评为"山西省省级先进企业"；1992 年被评为山西省"重合同守信用单位"和省市"消费者信得过单位"；1997 年被评为"省级文明单位"，并连年被评为"长治市模范企业"。1999 年，长治市潞酒厂更名为"长治市潞酒有限公司"。

长治市潞酒有限公司采历山之粱祖，取潞水之佳源，承"上党潞酒，天下少有"之古品，结合现代的精良设备与先进工艺，酿制出五大系列、二十余个品种口味纯正、酒品醇厚的"潞酒"产品。主要产品有山西名产"潞酒"、古方尚品"二贤庄古酒"、上党佳酿"潞州醇"，以及大众化产品精酿白酒、高粱白酒、配制酒。

二、潞牌品牌的基础指标与分析

潞牌品牌的基础数据，如表5-15所示。

表5-15 潞牌品牌的基础数据

指标范围	知名度（%）	认知度（%）	美誉度（%）	忠诚度（%）	品牌信息总量估值（万比特）
山西省内	44.65	24.53	19.50	4.40	6245.791958

由表5-15中的数据可知，潞牌的品牌知名度为44.65%，超过了知名度的第三个关键点37.50%，半数以上的消费者不仅知晓该品牌，而且能够辨识其LOGO，能够大致描述出与品牌相关的产品、服务、延伸产业等，产生了明显的消费者区隔。

潞牌的品牌认知度为24.53%，阈值为54.94%，突破了知名度的50%，此时的品牌表现为认知程度高，传播效果充分。消费者对品牌的知识和信息有了更深的了解，具有了高认知度的品牌一般会具有一定的品牌联想度，使品牌延伸成为可能。

潞牌的品牌美誉度为19.50%，突破了美誉度的第一个关键点1.62%，且与认知度较接近，但仍低于认知度。消费者对品牌内涵的认知没有充分形成对该品牌的赞许或口碑，但有了较多的转化，对品牌的正向传播起到了积极的推动作用，促进了品牌对产品或服务质量的提升。

潞牌的品牌忠诚度为4.40%，明显低于美誉度，这说明厂商可能为品牌美誉度的提升付出了较大的成本，但因未能形成充足的重复购买率而无法将这一优势充分转化为品牌的销售收益。

观察图 5-15 所示的潞牌品牌省内指标结构发现，潞牌的品牌认知度超过了知名度的 50%，且美誉度与认知度相近，所以品牌的正向认知程度高，正向传播效果好，说明该品牌的产品赢得了消费者较高的满意度。品牌忠诚度不高，收益与维系品牌的成本不平衡，可能会导致产生品牌危机。

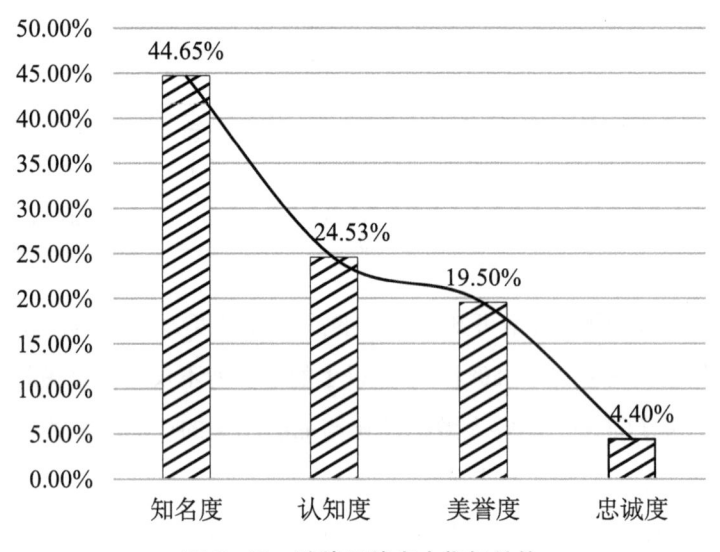

图 5-15 潞牌品牌省内指标结构

第十六节 晋味美

一、晋味美品牌简介

晋味美品牌是沁县晋味美食品有限责任公司所经营管理的品牌。沁县晋味美食品有限责任公司成立于 2009 年，位于沁县定昌镇下曲峪村。该公司主要生产经营山西本土的特色小杂粮，如沁州黄小米、高寒藜麦、苦荞麦等，包括有机小杂粮系列、干果炒货系列、水果干制品系列、红枣夹核桃系列、山西老陈醋系列、平遥牛肉系列、山西苦荞系列以及糕点系列等产品。

沁县晋味美食品有限责任公司始终坚持"老老实实做人，踏踏实实做事，锐意进取，不断创新"的精神，做好企业，做好口碑，秉承"借你贵口，尝我巧手；借你慧眼，识我真品"的诚信、仁厚、持久的理念，力求让五湖四海的人都能够享受到优质的山西土特产，品味到灿烂悠久的山西文化。

二、晋味美品牌的基础指标与分析

晋味美品牌的基础数据，如表5-16所示。

表5-16 晋味美品牌的基础数据

指标范围	知名度（%）	认知度（%）	美誉度（%）	忠诚度（%）	品牌信息总量估值（万比特）
山西省内	63.69	31.84	15.92	6.37	8424.213376

由表5-16中的数据可知，晋味美的品牌知名度为63.69%，超过了知名度的第四个关键点61.80%，此时的品牌已经可以称为高知名度品牌，具有了充分的消费者认知和联想的基础。半数以上的消费者表现出明显的选择偏好，此时的品牌可以提示性方式作为传播内容的主要方式，品牌管理的重心可以更多地放在公共关系活动等方面，以促进美誉度的形成和发展。

晋味美的品牌认知度为31.84%，阈值为49.99%，非常接近知名度的50%，此时的品牌表现为认知程度较好，传播效果也较为理想。半数以上的消费者对品牌不仅知晓，而且能够通过广告宣传或主动更多地了解品牌的信息，促进了品牌的消费者口碑传播，为美誉度的形成奠定良好的基础。

晋味美的品牌美誉度为15.92%，明显低于品牌认知度，此时的品牌未能得到大多数消费者的赞许或口碑，消费者对品牌的产品或服务在体验后也没有达到满意的程度。品牌的认知度不高，品牌结构未能形成，没有形成对销售的有效支撑和促进作用。

晋味美的品牌忠诚度为6.37%。忠诚度不为0即为有效，但与美誉度相比，品牌忠诚度较低，说明消费者对品牌的正向认知和传播未能充分转化为消费者对品牌的强偏好，若厂商对品牌投入较多的成本，则其从忠诚度中获得的收益最终不能覆盖品牌的高成本投入。

观察图5-16所示晋味美品牌省内指标结构可知，四个指标的数值呈现逐级下降趋势，这对于品牌的发展来说非常不利。品牌认知度是美誉度形成和发展的支撑，二者接近时说明品牌的正向认知和传播效果良好，若二者相差较大，则说明品牌的产品或服务存在一定的缺陷，未得到大多数消费者的认可，潜在消费者也不能转化为品牌的强偏好型消费者。

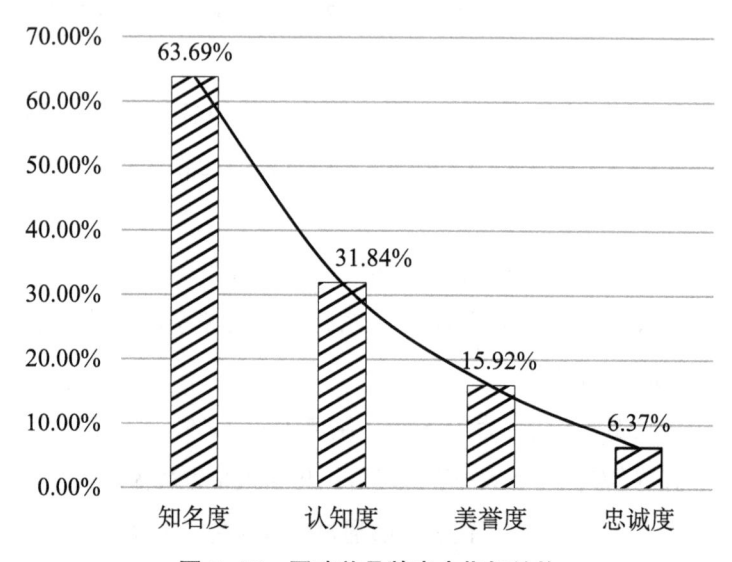

图5-16　晋味美品牌省内指标结构

第十七节　复盛公

一、复盛公品牌简介

复盛公属于医药品牌，隶属山西复盛公药业集团有限公司（以下简称"复盛公集团"），2009年，复盛公营销网络遍布全国，复盛公老字号进行资源重组，2010年成立复盛公药业集团。自公司成立以来，复盛公致力于打造中国领先的医药产业路由器平台，先后成立品牌事业部、3A事业部、汇通事业部、新宝事业部、电商事业部、大药房连锁事业部、会销事业部、大健康事业部8个事业部，服务全国近10万家药店零售终端。

2016年10月，复盛公集团被评为山西省医药企业综合实力50强。2017年9月，复盛公六味地黄丸炮制工艺入选山西省非物质文化遗产名录。2018年11月，复盛公集团被山西省科学技术厅认定为国家高新技术企业。2019年7月，复盛公荣获"中国著名商标""中国'3·15'诚信企业"称号。2020年8月，复盛公荣获中国医药行业十佳优秀品牌。2021年3月，复盛公医药产业园投入运营，涵盖中成药、中药饮片、医疗器械、大健康产业的总部基地正式启动。

二、复盛公品牌的基础指标与分析

复盛公品牌的基础数据，如表5-17所示。

表5-17　复盛公品牌的基础数据

指标范围	知名度（%）	认知度（%）	美誉度（%）	忠诚度（%）	品牌信息总量估值（万比特）
山西省内	54.14	12.10	17.83	7.01	2833.978532

由表5-17中的数据可知，复盛公的品牌知名度为54.14%，超过了知名度的第三个关键点37.50%，此时品牌表现为，在消费者之间认知程

度深，消费者能够辨识其 LOGO，并能够大致描述出品牌的产品服务、理念、广告内容等信息，产生了明显的消费者区隔。

复盛公品牌的认知度为 12.10%，阈值为 22.35%，低于认知度的 33.33%，此时的品牌表现为，品牌认知度不足，传播效果不充分。消费者未能对品牌进行深度了解，且消费者的口碑传播作用不明显，未形成消费者口碑。

复盛公的品牌美誉度为 17.83%，高于品牌认知度，说明品牌的正向口碑较高，消费者在体验品牌的产品和服务之后觉得相当满意，但是没有充分认知度支撑的美誉度是不稳定的，可能会造成品牌结构的大幅变化，危害品牌结构稳定。

复盛公的品牌忠诚度为 7.01%，明显低于其美誉度，品牌的正向传播未能充分转化为消费者对品牌的强偏好。厂商应该提升品牌的产品或服务质量，以获得消费者的青睐。

观察图 5-17 所示的复盛公品牌省内指标结构可知，认知度与知名度

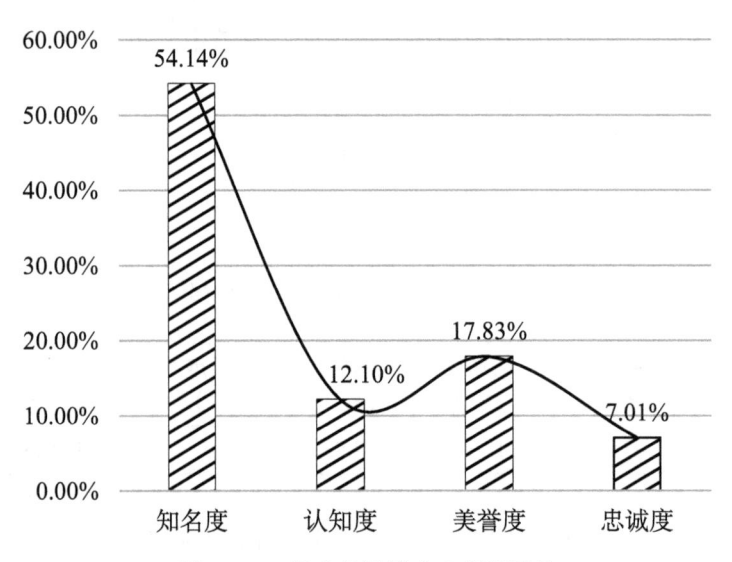

图 5-17 复盛公品牌省内指标结构

的比值偏低，美誉度高于认知度，这一结构类似于品牌的次优结构，但品牌认知度过低，消费者被动或主动了解品牌的程度明显不足。低品牌认知度不足以支撑品牌美誉度的发展，会造成品牌结构不稳定，甚至导致品牌危机。

第十八节　晋砖世家

一、晋砖世家品牌简介

晋砖世家是我国民间砖雕艺术品牌，由东周瓦当、空心砖和汉代画像砖发展而来。砖雕兴于宋、金，盛于明、清，已有3000多年历史。砖雕艺术家用心挖掘、传承和弘扬民间砖雕艺术，以感动和体会让砖雕艺术和晋商精髓穿越时空再现于世。

晋砖世家品牌属于太谷县晋砖世家传统文化艺术有限公司，公司根植于晋商大地，依托五千年三晋文化之古韵，秉承五百载晋商文化之遗风，融合时尚的审美情趣及传统的雕刻技艺，并与天然的材质有机结合，开发出极具浓厚地方特色的旅游文化礼品和古典家居饰品。产品主要以砖、石、木为材质，造型洗练，风格古朴、自然、豪放，具有浓郁的民俗色彩、深厚的文化底蕴。

自公司创立以来，将品牌战略营销作为企业发展的核心，并引进先进的特许经营商业模式，是中国第一家以砖雕产品为主导，以特许经营的方式在全国各大城市的家居、礼品市场和旅游区建立连锁加盟店，形成全国连锁的销售网络体系的民间砖雕艺术企业。公司导入CI战略系统，所有连锁店使用统一的店面形象、统一的装修风格、统一的价格体系、统一的品牌宣传。

二、晋砖世家品牌的基础指标与分析

晋砖世家品牌的基础数据，如表 5-18 所示。

表 5-18　晋砖世家品牌的基础数据

指标范围	知名度（%）	认知度（%）	美誉度（%）	忠诚度（%）	品牌信息总量估值（万比特）
山西省内	47.13	21.02	13.38	5.10	4452.432927

由表 5-18 中的数据可知，晋砖世家的品牌知名度为 47.13%，超过了知名度的第三个关键点 37.50%，此时的品牌表现为半数以上的消费者对其非常熟悉，认知程度较深，并能够辨识品牌 LOGO，产生了明显的消费者区隔。品牌在营销过程中成为竞争工具，且作用显著。

晋砖世家的品牌认知度为 21.02%，阈值仅为 44.60%，未能突破知名度的 50%，消费者对品牌的知识和信息有了更深层次的了解，具有较高的品牌认知，品牌能够具备一定的联想度，使品牌延伸成为可能。

晋砖世家的品牌美誉度为 13.38%，突破了美誉度的第一个关键点 1.62%，此阶段属于品牌自传播效应发生阶段，消费者口碑作用逐渐凸显出来，消费者偏好越来越明显；但品牌美誉度低于品牌认知度，消费者对品牌的认知未能充分转化为对品牌的正向传播，并且部分消费者在体验该品牌的产品或服务之后并未表现出相当满意。

晋砖世家的品牌忠诚度为 5.10%，明显低于其美誉度，消费者对品牌的赞许未能充分转化为对品牌的重复购买，这会对厂商的盈利造成较大影响，可能导致厂商对品牌宣传付出很大成本却得不到相应的回报。

观察图 5-18 所示的晋砖世家品牌省内指标结构可知，品牌的四个指标呈阶梯式下降趋势，品牌认知度未能达到其知名度的 50%，美誉度与忠诚度的差距较大，造成重复购买率不足，与经营过程中维系品牌高质量水平付出的成本不成比例，品牌抗风险能力较弱，对品牌的长期发展非常不利。

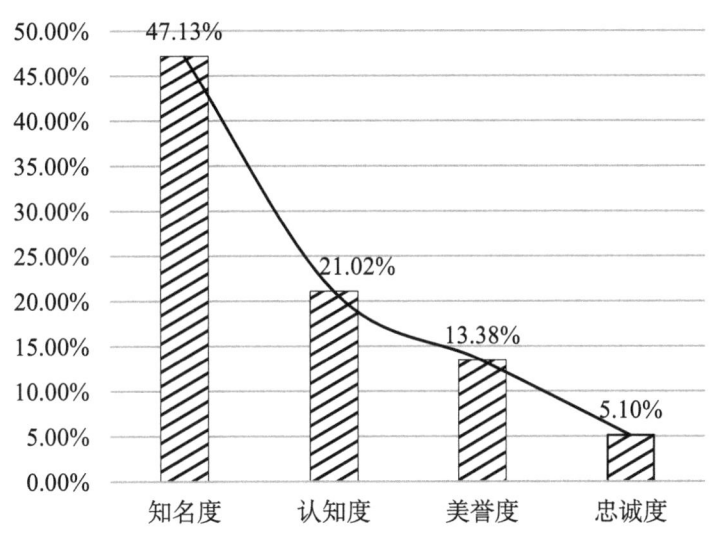

图 5-18 晋砖世家品牌省内指标结构

第十九节 林香斋

一、林香斋品牌简介

林香斋品牌隶属于太原市林香斋餐饮管理有限公司，始创于 1915 年，太原市百年餐饮品牌，以晋菜、豫菜互融并重，其代表菜脆皮鱼、灌汤包、汴京烤鸭享有盛誉，被称为老太原的"三大饭店"之一。

林香斋饭店于清嘉庆年间在太原创建，解州解元谭昌言题黑底烫金颜体匾额"林香斋"。1915 年，曾在山西巡抚衙门事厨的许振江承接"林香斋"店名的牌匾，经营馄饨、酱肉、酥饼、灌汤包等小吃。林香斋的创始时间确定为 1915 年，距今已有百余年的历史。

二、林香斋品牌的基础指标与分析

林香斋品牌的基础数据，如表 5-19 所示。

表 5-19　林香斋品牌的基础数据

指标范围	知名度（%）	认知度（%）	美誉度（%）	忠诚度（%）	品牌信息总量估值（万比特）
山西省内	55.06	19.41	19.62	3.16	3839.71833

由表 5-19 中的数据可知，林香斋的品牌知名度为 55.06%，超过了知名度的第三个关键点 37.50%，半数以上的消费者对品牌认知程度较深，不仅知晓该品牌，而且能够大致描述出其品牌理念、产品风格、广告宣传等特征，产生了明显的消费者区隔。

林香斋的品牌认知度为 19.41%，阈值仅为 35.25%，未达到知名度的 50%，但超过了知名度的 33.33%，此时的品牌表现为认知程度一般，传播效果也一般。品牌需要加大广告宣传力度，促使消费者被动和主动地了解更多的品牌知识和信息。

林香斋的品牌美誉度为 19.62%，与品牌认知度几乎相等，对于品牌正向传播发展来说是非常健康的状态。此状态下，消费者对品牌有了充分的认知并转变为品牌的口碑传播者，消费者对该品牌的产品或服务相当满意，并向其他消费者进行正向的口碑推荐。

林香斋的品牌忠诚度为 3.16%，明显低于其美誉度，说明该品牌的正向认知未能完全转化为消费者的重复购买率。品牌厂商无法从营销中获得与品牌广告宣传所付出成本对应的收益，从而造成品牌的亏损。

观察图 5-19 所示的林香斋品牌省内指标结构可知，品牌认知度与其知名度的比值不理想，品牌认知度与品牌美誉度数值相近，忠诚度与美誉度相比偏低，说明品牌需要在产品、服务、品牌宣传上加大投入力度。

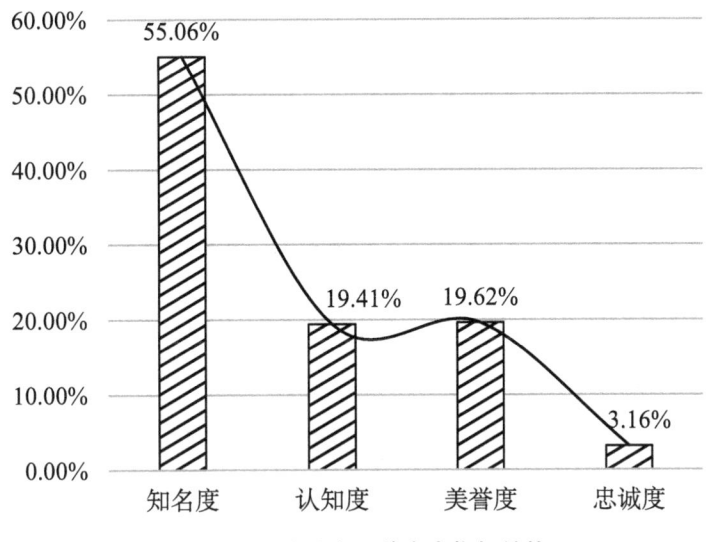

图 5-19 林香斋品牌省内指标结构

第二十节 晋善晋美集贤酒堡

一、晋善晋美集贤酒堡品牌简介

晋善晋美酒源自中华名酒第一村——杏花村，公司产品以"晋善晋美"为注册商标，以山西晋善晋美旅游形象宣传为契机，打造"晋善晋美"晋商文化核心价值品牌。公司主要产品"晋善晋美"系列白酒以优质高粱为原料，以大麦、豌豆配方制曲为糖化剂，运用传统汾酒古法生产技艺，陶缸、土窑、洞藏生态美酒，结合现代科学方法精心酿制、严格勾调而成，具有清香型白酒清雅纯正、绵甜爽净、酒体丰满、余味悠长的典型风格特征。

二、晋善晋美集贤酒堡品牌的基础指标与分析

晋善晋美集贤酒堡品牌的基础数据，如表 5-20 所示。

表 5-20　晋善晋美集贤酒堡品牌的基础数据

指标范围	知名度（%）	认知度（%）	美誉度（%）	忠诚度（%）	品牌信息总量估值（万比特）
山西省内	52.29	32.24	15.03	3.92	6643.799709

由表 5-20 中的数据可知，晋善晋美集贤酒堡的品牌知名度为 52.29%，超过了知名度的第三个关键点 37.50%，此时品牌表现为在消费者之间认知程度高，品牌的产品、服务、广告等对消费者产生了一定的影响力。品牌在此阶段成为营销中的竞争工具，且作用显著。

晋善晋美集贤酒堡的品牌认知度为 32.24%，阈值为 61.66%，突破了知名度的 50%，此时的品牌表现为认知程度高，传播效果充分。高认知度会使品牌具有一定的联想度，消费者对品牌特性非常熟悉，使品牌延伸成为可能。

晋善晋美集贤酒堡的品牌美誉度为 15.03%，与品牌认知度相比偏低，仍有较大的提升空间，部分消费者在体验了该品牌的产品之后未表现出相当满意，但有了一定的认知度做基础，品牌美誉度的形成和发展会更加稳定，同时有利于品牌结构的稳定性以及品牌的长期良性发展。

晋善晋美集贤酒堡的品牌忠诚度为 3.92%，明显低于美誉度，说明消费者对品牌的正向影响未能充分转化为对品牌的重复购买。山西省有众多著名的酒品牌，晋善晋美集贤酒堡能够在省内有忠诚消费者说明品牌的产品质量上乘，但可能需要在产品宣传、品牌传播理念上增加投入。

观察图 5-20 所示的晋善晋美集贤酒堡品牌省内指标结构可知，品牌

的四个指标呈现逐次下降趋势。品牌认知度与知名度的比值很高，说明消费者对品牌有良好的认知，但品牌美誉度低于品牌认知度，品牌忠诚度低于品牌美誉度，可能是由于品牌的产品口感、性价比、理念等未达到消费者的期待值所致。

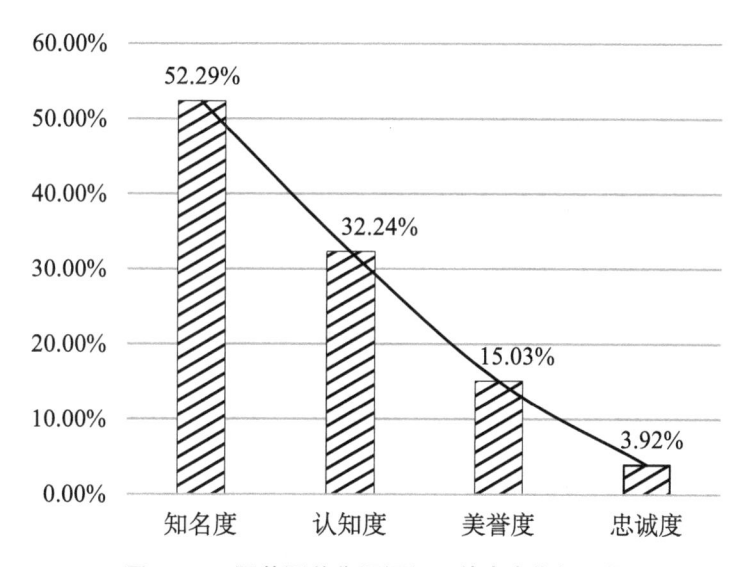

图 5-20　晋善晋美集贤酒堡品牌省内指标结构

第二十一节　乔家窑

一、乔家窑品牌简介

乔家窑为字号名称，主要传承的产品为陶瓷，传承技艺为乔氏陶瓷，如琉璃、珐华、日用瓷等，其中当属珐华最具代表性。乔家窑目前归属阳城县旭昇陶瓷科技有限公司（以下简称"阳城陶瓷"）。阳城陶瓷烧造技艺历史悠久，据《阳城县志》记载，"唐宋时期，黑白瓷生产已很普遍"，至明代时，境内陶瓷及琉璃技艺达到了鼎盛。

阳城县后则腰乔氏是当地最负盛名的陶瓷世家，其祖先系陶瓷、琉璃艺人，唐代从陕西迁入，后移居后则腰，法花陶瓷是乔氏家族的独门技艺。法花陶瓷，又名"珐华陶瓷"，原是在山西晋东南地区盛行的彩釉陶。金元时期，以琉璃与法花为代表的乔氏陶瓷名播九州，曾为北京紫禁城、十三陵烧制过琉璃瓦、顶冠、兽吼等。法花陶瓷是明三彩之一，是陶瓷中的精品。阳城法花陶瓷是中国陶瓷工艺发展史上一个非常重要的品类，其产品胎质坚实、造型规矩、色泽统一。

二、乔家窑品牌的基础指标与分析

乔家窑品牌的基础数据，如表5-21所示。

表5-21 乔家窑品牌的基础数据

指标范围	知名度（%）	认知度（%）	美誉度（%）	忠诚度（%）	品牌信息总量估值（万比特）
山西省内	52.38	5.90	17.69	3.40	4264.039848

由表5-21中的数据可知，乔家窑的品牌知名度为52.38%，超过了知名度的第三个关键点37.50%，此阶段的品牌表现为半数以上的消费者对品牌不仅知晓，且认知程度较深，产生了明显的消费者区隔，具有了对消费者选择偏好的影响力，其性质为有用的竞争工具，在竞争中的作用明显。

乔家窑的品牌认知度为5.90%，阈值为11.26%，未突破知名度的33.33%，此时品牌表现为在消费者之间认知程度不足，传播效果不充分。品牌在前期可能做过大量的广告宣传，但未能使大部分消费者对品牌的认知程度加深，品牌传播范围有限。

乔家窑的品牌美誉度为17.69%，明显高于品牌认知度，此阶段品牌结构不稳定，品牌抗风险能力较弱；但对品牌有认知基础的消费者通过口碑传播促使品牌美誉度有所提升，大多数消费者对品牌形象有较高的正向认知，对品牌宣传有积极的推动作用。

乔家窑的品牌忠诚度为3.40%，与品牌美誉度相比偏低，品牌认知度不高，消费者仅通过其他消费者的口碑传播认识该品牌，并未对其知识和信息进行深度探知，导致品牌忠诚消费者偏少，潜在消费者尚待发掘。

观察图5-21所示的乔家窑品牌省内指标结构可知，品牌认知度与知名度之间的差距偏大，导致消费者对品牌深度认知不足，从而影响了消费者对品牌的重复购买，但品牌美誉度较高，说明体验过该品牌产品或服务的消费者表示相当满意，形成了一定的消费者偏好，消费者的口碑作用明显，品牌需再配合一定的广告宣传加深消费者对品牌的认知程度。

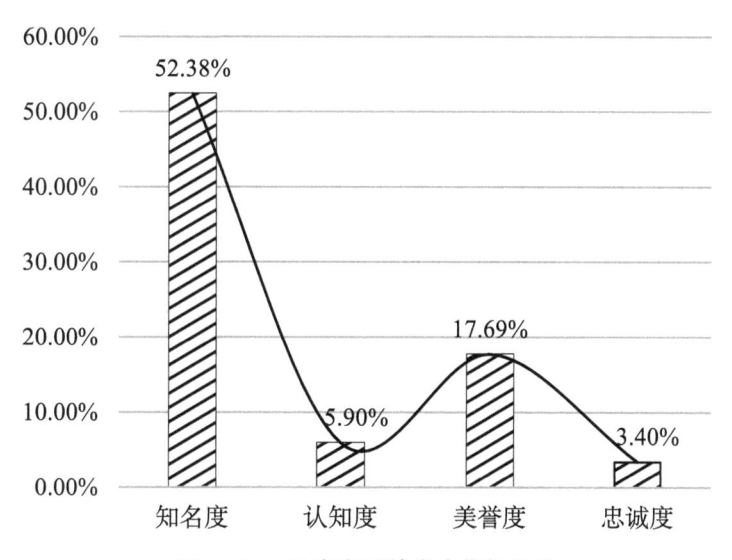

图5-21 乔家窑品牌省内指标结构

第二十二节　八义陶瓷

一、八义陶瓷品牌简介

八义陶瓷是山西长治八义窑红绿彩陶瓷文化有限公司旗下品牌，主要传承技艺为八义窑红绿彩瓷烧制技艺，为山西省长治市上党区传统技艺，国家级非物质文化遗产之一。

八义窑是红绿彩瓷器的诞生地和发源地，生产的红绿彩瓷器是中国最早的彩色瓷器，在宋金时期就已开始生产，据明万历版《潞安府志》记载，潞安城西南的城墙上开有"八义门"，附近有八义瓷器销售市场，说明潞安城当时已是瓷器流通、贩运的重要通道和销售集散地。红绿彩瓷器在整个制作过程中，无论是揉捏塑形、拉坯釉烧还是图案色彩，均在保留传统技艺的基础上，加入了更多现代工艺和设计。

2021年5月24日，八义窑红绿彩瓷烧制技艺经国务院批准列入第五批国家级非物质文化遗产代表性项目名录，遗产编号Ⅷ-242。

二、八义陶瓷品牌的基础指标与分析

八义陶瓷品牌的基础数据，如表5-22所示。

表5-22　八义陶瓷品牌的基础数据

指标范围	知名度（%）	认知度（%）	美誉度（%）	忠诚度（%）	品牌信息总量估值（万比特）
山西省内	51.90	12.87	17.09	3.80	4955.170695

由表5-22中的数据可知，八义陶瓷的品牌知名度为51.90%，突破了知名度的第三个关键点37.50%，此时半数以上的消费者对品牌认知程

度较高，能够辨识其LOGO，并能够大致描述出品牌内涵、产品服务、广告宣传等内容，品牌具有了影响消费者偏好的能力，产生了明显的消费者区隔。

八义陶瓷的品牌认知度为12.87%，阈值为24.80%，未能突破知名度的33.33%，此时品牌表现为认知程度不足，传播效果不充分。大多数消费者对品牌处于仅知晓状态，对品牌的更多信息并不了解，没有获得应有的传播效果。

八义陶瓷的品牌美誉度为17.09%，高于品牌认知度，突破了美誉度的第一个关键点1.62%，消费者的口碑作用显著，消费者偏好增强，且在消费者之间的传播越来越广泛，此阶段的品牌处于品牌自传播效应发生时期。由于没有充足的品牌认知度作为支撑，可能会出现品牌美誉度快速下降的现象，品牌结构增加不稳定因素，甚至可能导致品牌危机。

八义陶瓷的品牌忠诚度为3.80%，明显低于其美誉度，说明消费者对品牌的正向认知未能充分转化为对品牌的重复购买，导致厂商在营销过程中不能获取相应的回报，难以维系品牌高质量水平，付出的努力和成本在一定时期内无法得到补偿。

观察图5-22所示八义陶瓷品牌省内指标结构可知，该品牌的认知度与知名度的比值偏低，消费者对品牌的深度认知不足，品牌需要加强对品牌理念、产品服务、创新产品等方面的管理，从而提升品牌认知度，并保持品牌美誉度稳定增长，最终实现消费者对品牌的正向认知向重复购买不断转移。

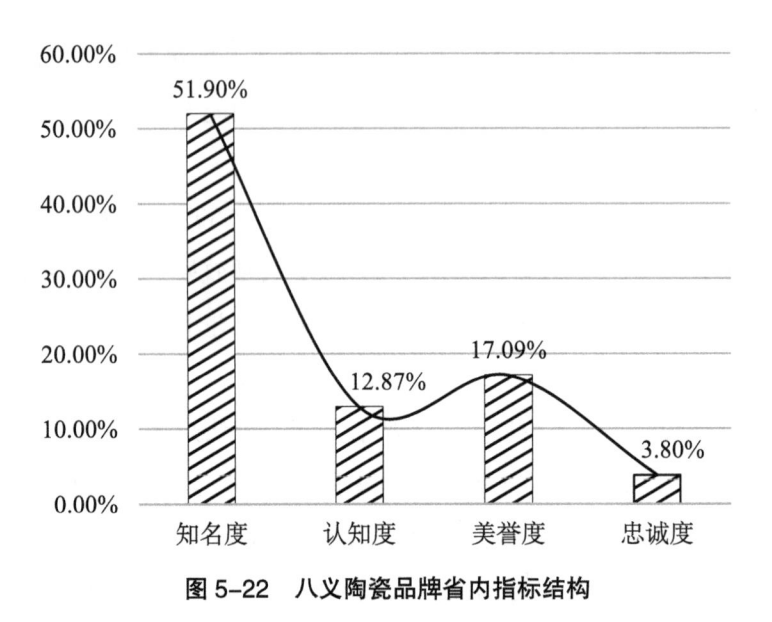

图 5-22　八义陶瓷品牌省内指标结构

第二十三节　益泰永

一、益泰永品牌简介

益泰永木雕始创于 1863 年，享誉河东地区。据考证，早在清朝同治年间，稷山县寺庄村曹锦仁就开始从事木雕制作，到光绪年间正式开设益泰永字号。益泰永木雕是享誉河东地区的百年品牌。

山西益泰永木雕有限公司，是一家专业从事高端木器雕刻技艺传承和研究、经营和开发的民营企业。益泰永木雕产品主要有牌匾、楹联 / 对联、屏风、壁画、摆件、挂件等雕刻艺术品摆件，各种工程接单如酒店、宾馆、大厦、茶楼、禅堂、餐厅、接待室、办公室、别墅、景区牌匾设计制作及安装。山西益泰永木雕有限公司现已被批准为山西省文化产业示范基地。益泰永木雕在 2017 年被评为省级非物质文化遗产。

二、益泰永品牌的基础指标与分析

益泰永品牌的基础数据，如表 5-23 所示。

表 5-23 益泰永品牌的基础数据

指标范围	知名度（%）	认知度（%）	美誉度（%）	忠诚度（%）	品牌信息总量估值（万比特）
山西省内	49.66	22.45	18.37	3.40	4176.230871

由表 5-23 中的数据可知，益泰永的品牌知名度为 49.66%，突破了知名度的第三个关键点 37.50%，此阶段的品牌在消费者之间知名程度较高，能够大致描述出品牌的产品服务、广告内容、风格等。品牌成为有用的竞争工具，在营销中作用明显。

益泰永的品牌认知度为 22.45%，阈值为 45.21%，未达到知名度的 50%，此时品牌表现为认知程度一般，传播效果一般。品牌需要加大广告宣传投入，促进消费者对品牌的主动和被动认知，从而为品牌美誉度和忠诚度的形成和发展奠定良好的基础。

益泰永的品牌美誉度为 18.37%，与品牌认知度相比较低，说明消费者对品牌的认知并未充分转化为对品牌的正向传播，品牌的产品品质或服务质量仍有待提升。品牌美誉度超过了美誉度的第一个关键点 1.62%，消费者口碑作用明显，传播范围愈加广泛，消费者偏好越来越明显。

益泰永的品牌忠诚度为 3.40%，明显低于其美誉度，消费者对品牌的正向认知未能充分转化为品牌的重复购买。虽然厂商为品牌的口碑形成和发展付出了极大的努力和投入，但无法在营销中获得相应的收益。

观察图 5-23 所示的益泰永品牌省内指标结构可知，品牌知名度、认知度和美誉度之间的比例较理想，但忠诚度偏低，这会导致品牌忠诚度严重不足，无法使品牌在经营过程中获得的收益与维持品牌高质量水平付出的成本成正比，对品牌的抗风险能力产生了较大的负面影响。

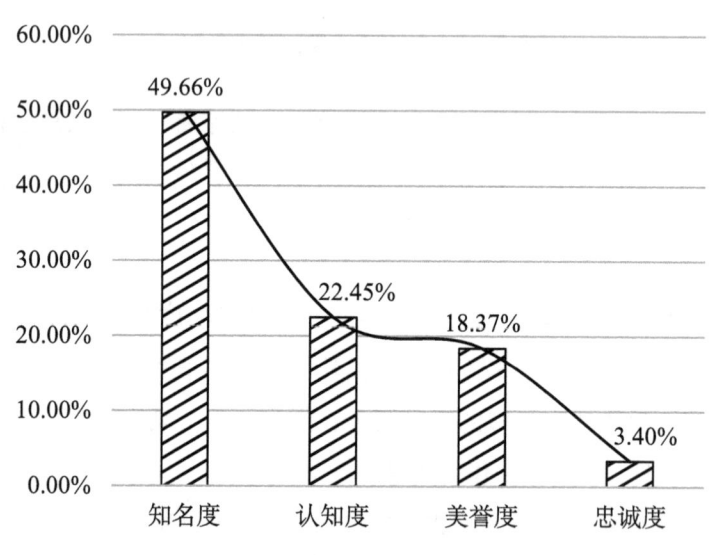

图 5-23　益泰永品牌省内指标结构

第二十四节　牖见斋

一、牖见斋品牌简介

牖见斋品牌隶属于乡宁金砂紫陶工艺美术有限公司，致力于紫砂原材料的加工销售、紫砂工艺美术品的制作以及茶道、书画等相关领域的艺术品文化交流与推广。牖见斋秉持"古典与现代的传承、实用与艺术的融合"的理念，荣获第四届山西文化产业博览交易会"神工杯"两银一铜等奖项，目前已列入临汾市第五批市级非物质文化遗产。

二、牖见斋品牌的基础指标与分析

牖见斋品牌的基础数据，如表5-24所示。

表5-24 牖见斋品牌的基础数据

指标范围	知名度(%)	认知度(%)	美誉度(%)	忠诚度(%)	品牌信息总量估值（万比特）
山西省内	47.83	13.25	15.53	4.35	3023.19286

由表5-24中的数据可知，牖见斋品牌在山西省具有较高的知名度，品牌知名度达到47.83%，消费者知晓的范围比较广，山西省内半数以上的消费者对其熟知，具有充分的消费者认知和联想的基础，并会产生自传播现象。从其认知度指标来看，品牌认知度为13.25%，有相当一部分消费者对品牌的内涵是比较了解的；从认知度和知名度的比值来看，认知度与知名度的比值为27.70%，与其知名度相比，这一认知度指标略显不足。

牖见斋的品牌美誉度达到了15.53%，这一美誉度水平反映了牖见斋品牌的产品在山西省各地获得了良好的口碑，会发生品牌的自传播效应。品牌美誉度高于其认知度，说明该品牌的美誉度来自消费者体验后的赞誉程度的支撑，消费者对该产品的质量还是相当认可的。该品牌是一个依靠品牌的产品品质或服务质量获得自传播能力的品牌，有消费者的优良体验。该品牌忠诚度明显过低，只有4.35%，品牌美誉度和其忠诚度的关系是二者接近为最佳，但牖见斋品牌基础指标中美誉度远高于忠诚度，良好的口碑向消费者重复购买的转化不充分，消费习惯不明显，还未形成明显的选择偏好。

观察图5-24可知，牖见斋品牌知名度较高，而品牌认知度、忠诚度过低，认知度阈值甚至没有超过最低阈值33.33%，忠诚度指标也没有实

· 119 ·

现消费者良好口碑向高重复购买率的转化，一方面影响了品牌延伸，另一方面说明牖见斋品牌消费者的购买不足，影响了品牌口碑和忠诚客户的形成。牖见斋较低的品牌忠诚度并非说明该品牌不好，根据国家标准，品牌忠诚度只要不为零即为有效，牖见斋的品牌忠诚度或许和其主要经营产品是紫砂原材料的加工销售有关，此类产品无法像快消品一样获得超高的品牌忠诚度。

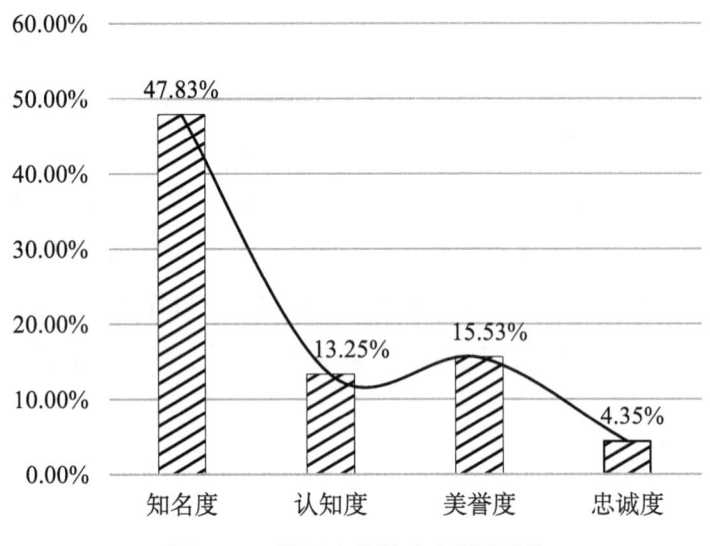

图 5-24　牖见斋品牌省内指标结构

第二十五节　竹叶青

一、竹叶青品牌简介

竹叶青酒是中国历史悠久、配方健康、口碑传播广泛的草本健康酒，其历史可追溯到南北朝时期。它以优质汾酒为基酒，配以十余种名贵药材，采用独特生产工艺加工而成。其清醇甜美的口感从唐、宋时期就获得了广泛的肯定和赞誉。

竹叶青酒，以汾酒为"底酒"，保留了竹叶的特色，再添加砂仁、紫檀、当归、陈皮、公丁香、零香、广木香等十余种名贵中药材以及冰糖、雪花白糖、蛋清等配伍，精制陈酿而成。竹叶青酒和名盛千年的汾酒同产于汾阳杏花村汾酒厂，在第二、第三届全国评酒会上均被评为全国十八大名酒之一。该酒色泽金黄透明而微带青碧，有汾酒和药材浸液形成的独特香气，芳香醇厚，入口甜绵微苦、温和，无刺激感，余味无穷。

二、竹叶青品牌的基础指标与分析

竹叶青品牌的基础数据，如表5-25所示。

表5-25 竹叶青品牌的基础数据

指标范围	知名度（%）	认知度（%）	美誉度（%）	忠诚度（%）	品牌信息总量估值（万比特）
山西省内	46.67	38.22	22.67	4.67	9754.36816

由表5-25中的数据可知，竹叶青品牌在山西省具有较高的知名度，品牌知名度为46.67%，具有比较充分的消费者认知和联想的基础，会产生自传播现象，品牌已经成为非常理想的营销工具，给品牌经营业绩带来显著的影响，同时为品牌认知度的形成奠定了良好的基础。

观察表5-25可知，竹叶青的品牌认知度为38.22%，与知名度的比值高达81.89%，远远超过认知度的理想阈值50%，表明该品牌前期的广告宣传和推广十分有效，消费者除了解品牌名称之外，对品牌LOGO、产地、特色等更深层次的信息也十分了解，具有了良好的品牌延伸基础；同时，消费者极易发生自传播现象。竹叶青的品牌美誉度为22.67%，尽管略低于其认知度，但也在比较理想的指标范围内，在山西省内获得了良好的口碑。竹叶青的品牌忠诚度只有4.67%，显著低于品牌美誉度，未能实现美誉度向忠诚度的充分转化，但是一部分消费者还是对竹叶青形成了一定的重复购买习惯，要进一步提高重复购买率需要品牌管理者提出有针对性的解决方案。

观察图5-25所示的竹叶青品牌山西省内指标结构可知，品牌的突出优点是获得了高知名度和高认知度，认知度阈值也极为理想，使得指标间的结构也比较理想，接近品牌的次优结构，品牌对营销起到了非常明显的作用。唯一不足的是，相比其他三项指标，竹叶青的品牌忠诚度稍显逊色，消费者重复消费的习惯或是强品牌偏好还未能形成。

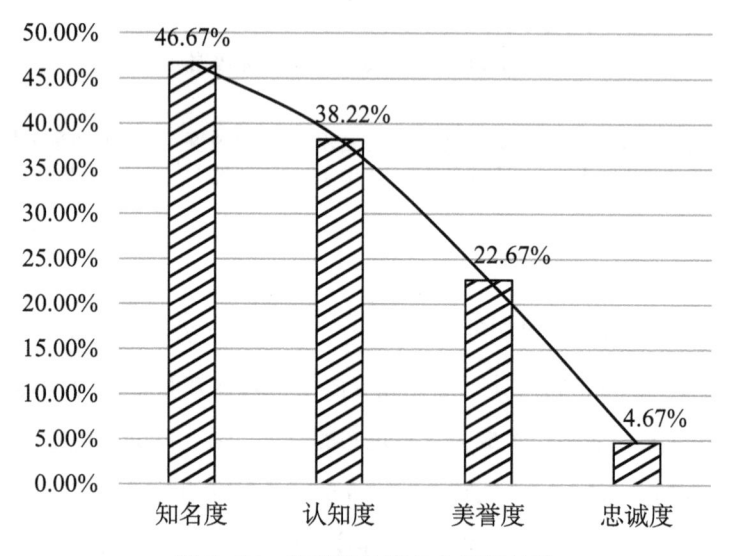

图5-25 竹叶青品牌省内指标结构

第二十六节 羊羔

一、羊羔品牌简介

羊羔品牌历史底蕴丰厚，主要产品为羊羔酒。羊羔酒起源于汉代，兴盛于唐宋，元时畅销海外，三晋时期广为流传，现由山西羊羔酒业股份有限公司生产。山西羊羔酒业股份有限公司的前身是孝义县酒厂，始建于20世纪70年代初，80年代曾荣升为汾酒厂家族。山西羊羔酒业股份有限公司成立于2007年4月，是由山西省吕梁市工商行政管理局正式批准注册且资质完善的有限责任公司。公司经营范围包括白酒生产及销售，注册商标为"羊羔""义虎""中阳楼"。2015年公司又成功注册"振兴酒""羊羔宴""羊羔春""羊羔醇""羔儿酒""羊羔美酒"6个商标。

二、羊羔品牌的基础指标与分析

羊羔品牌的基础数据，如表5-26所示。

表5-26 羊羔品牌的基础数据

指标范围	知名度（%）	认知度（%）	美誉度（%）	忠诚度（%）	品牌信息总量估值（万比特）
山西省内	44.90	21.09	17.69	4.76	5330.458753

由表5-26中的数据可知，羊羔品牌在山西省内获得了44.90%的知名度，超过了知名度的第三个关键点37.50%，近半数的消费者熟知该品牌，表明在此阶段品牌已经成为有力的竞争工具，成为企业拓宽市场份额的工具，并且作用较为明显。

羊羔的品牌认知度为21.09%，认知度阈值为46.97%，未能达到理想阈值50%，说明品牌前期做的广告宣传或消费者之间的口碑作用有部分转化为对品牌有利的传播效应，但仍有大部分消费者对该品牌的了解不深刻，不利于后期品牌延伸。

羊羔的品牌美誉度为17.69%，略低于品牌认知度，此时消费者对品牌的认知部分转化为品牌的正向传播，促进了品牌的发展，且对品牌有较深认知的消费者对产品和服务较为满意。相较于品牌美誉度，品牌忠诚度的数值较低，仅为4.76%，说明该品牌具有了一部分重复购买的消费者基础，但是美誉度向忠诚度的转化并不充分，影响了品牌的忠诚度指标。

由图5-26可知，羊羔品牌指标结构呈现逐次下降趋势，获得了较为理想的知名度，但是品牌认知度较低，阈值也不理想，消费者对品牌耳熟能详，但对品牌产品的购买较少，品牌口碑与其影响力不匹配。

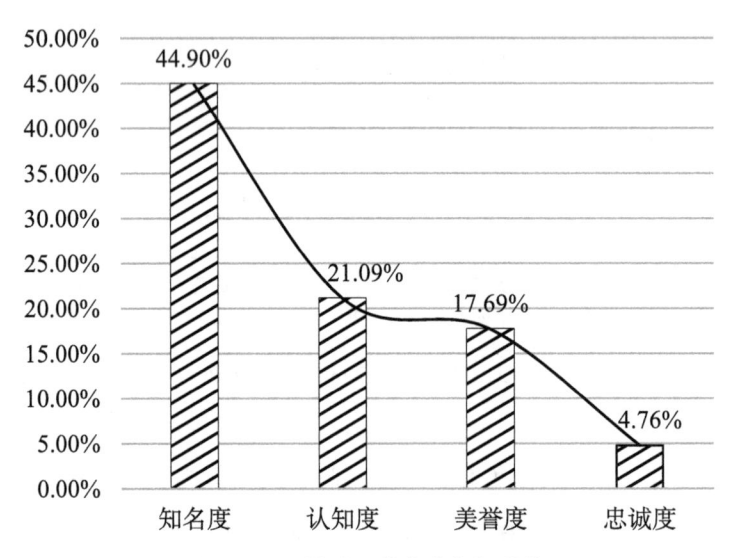

图5-26 羊羔品牌省内指标结构

第二十七节 长祥圆

一、长祥圆品牌简介

长祥圆是神池县长祥圆食品有限公司旗下品牌。山西省神池县长祥圆食品有限公司是一家集生产加工、经销批发为一体的私营独资企业，油皮月饼、酥皮月饼、蛋皮月饼、精装油皮月饼、精装蛋皮月饼、精装酥皮月饼是公司的主营产品。公司坚持不做关系、做市场的创业指导思想，走运用现代理念、经营传统产业的发展之路，在弘扬革命老区精神的同时充实丰富诚信立企、质量兴企的为业精神。

二、长祥圆品牌的基础指标与分析

长祥圆品牌的基础数据，如表5-27所示。

表5-27 长祥圆品牌的基础数据

指标范围	知名度(%)	认知度(%)	美誉度(%)	忠诚度(%)	品牌信息总量估值（万比特）
山西省内	44.67	5.78	12.67	3.33	2781.747839

由表5-27中的数据可知，长祥圆的品牌知名度为44.67%，突破了知名度的第三个关键点37.50%，在山西省范围内获得了一定的知名度，近半数的消费者知晓该品牌。品牌的较高的知名度能够为品牌认知度的形成和发展奠定一定的消费者认知基础，但该品牌的认知度只有5.78%，与知名度的比值只有12.94%，远远低于50%的理想阈值，这表明该品牌信息传播的效率比较低，前期的品牌传播效果较差，品牌信息内涵的传播不足。

长祥圆的品牌美誉度为12.67%，在山西省内获得了较好的消费者口碑，品牌自传播能力较强。从美誉度与认知度的关系来看，长祥圆的品牌美誉度显著高于认知度，说明消费者认知向口碑的转化比较充分，品牌美誉度反映了消费者对品牌具有深度的体验，品牌对营销能够起到一定的支撑作用，但长祥圆的品牌忠诚度指标明显偏低，仅为3.33%，品牌口碑向消费者的重复购买的转化明显不足。品牌忠诚度低并非意味着销售不理想，只反映了消费者的重复购买率低，有可能是商家在渠道、价格等方面的营销运作出现了问题，未能契合消费者的利益诉求。

观察图5-27可知，长祥圆的品牌知名度较高，而品牌认知度、忠诚度过低，这会导致品牌在质量发展方面出现一定的问题，即品牌空有名气，消费者除了知道品牌名字以外，对长祥圆品牌更为深层次的认识几乎为零，这会严重影响品牌今后的延伸发展。另外，长祥圆消费者的购买不足，影响了品牌口碑和忠诚客户的形成。总体而言，长祥圆品牌省内指标间的比例关系不太协调，尤其是消费者的重复购买率较低，品牌在营销中的作用没有切实地转化为厂商的实际收益。

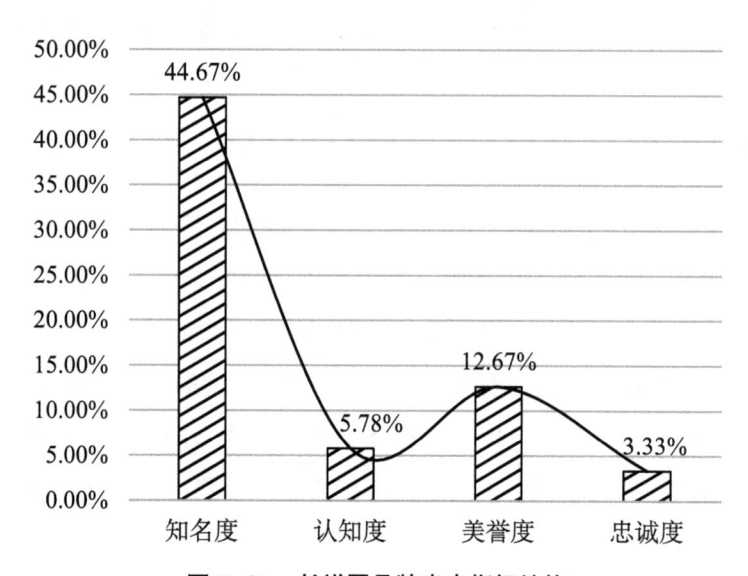

图5-27　长祥圆品牌省内指标结构

第二十八节　宝源老醋坊

一、宝源老醋坊品牌简介

宝源老醋坊是山西水塔醋业股份有限公司旗下品牌，位于"中国醋都"——清徐县，是国家八部委命名的全国农业产业化重点龙头企业，也是目前国内大型的老陈醋生产企业。

公司在科学发展观的统领下，始终以"以质量求信誉，以信誉求发展"为宗旨，以"科技创新、质量诚信"为经营理念，坚持走自主创新与联合创新的新型工业化道路，取得了飞速发展。

公司主要产品有老陈醋、陈醋、风味醋、白米醋四大系列、200多个品种。公司下设10个分厂、1个省级企业技术中心、1个生物技术研究院、1个营销公司、1个外贸公司、1个国家AAAA级旅游景区、3万亩（1亩≈0.0667公顷）酿醋专用高粱基地，现已形成集原料基地、科研开发、制曲酿造、包装运输、营销策划、旅游文化于一体的大型企业集团。公司主要业务有调味品食醋、白米醋的生产、加工与销售，出口、进口生产相关设备，技术开发、咨询、服务、转让、推广等。

二、宝源老醋坊品牌的基础指标与分析

宝源老醋坊品牌的基础数据，如表5-28所示。

表5-28　宝源老醋坊品牌的基础数据

指标范围	知名度（%）	认知度（%）	美誉度（%）	忠诚度（%）	品牌信息总量估值（万比特）
山西省内	60.99	30.64	19.22	5.72	377045.2677

由表 5-28 中的数据可知，宝源老醋坊在山西省内获得了 60.99% 的高知名度，距离知名度的第四个关键点 61.80% 不到 1 个百分点，知名度指标十分理想，表明宝源老醋在山西省内的消费者知晓基础十分雄厚，半数以上的消费者对品牌名称极为熟悉，有助于加深其品牌认知，此时品牌已经成为宝源老醋坊的有效竞争工具。在品牌认知度上，宝源老醋坊获得了 30.64% 的认知，与知名度的比值超过了理想阈值 50%，可以认为宝源老醋坊的品牌传播十分有效，传播效果充分。宝源老醋坊品牌不仅具有较高的知名度，当认知度的阈值超过知名度的 50% 时，消费者对其产生了较深的认知，已经具有一定的品牌联想度，可以进行品牌延伸。此时的品牌具有对消费者选择偏好的影响力，品牌性质发展为极为有效的竞争工具。

宝源老醋坊的品牌美誉度为 19.22%，获得了一定的消费者口碑，但是相比品牌知名度和认知度，该品牌的美誉度指标一般，消费者虽然对品牌比较了解，但没有转化为现实的购买。厂商为品牌宣传付出了努力和较高的成本，但获得的收益与之不相匹配。

从忠诚度指标来看，宝源老醋坊的品牌忠诚度只有 5.72%，明显偏低，美誉度向忠诚度的转化不充分，消费者的重复购买率与该品牌的口碑明显不匹配，品牌影响力在营销中的作用并没有完全发挥出来。品牌忠诚度低并不意味着品牌产品的销量不好，仅反映出多次重复消费的消费者人数偏少。品牌忠诚度低也与产品种类有关，宝源老醋属于调味品，不属于快消品一类，因此其重复消费的周期偏长。

宝源老醋坊品牌指标结构属于逐次下降结构，如图 5-28 所示。该品牌的突出特点是获得了较高的知名度，认知度也尚可，但美誉度指标一般，最大的问题是品牌忠诚度明显偏低，各指标呈现出逐次下降的形态。这一结构显示山西水塔醋业股份有限公司针对宝源老醋坊举行过大规模的品牌宣传活动，加深了消费者的品牌印象，消费者对品牌是比较了解的，但知晓品牌的消费者中购买品牌产品的人并不多，品牌口碑一般，忠诚客户群体偏少，在一定程度上存在着"重广告、轻公关"的经营理念问题。

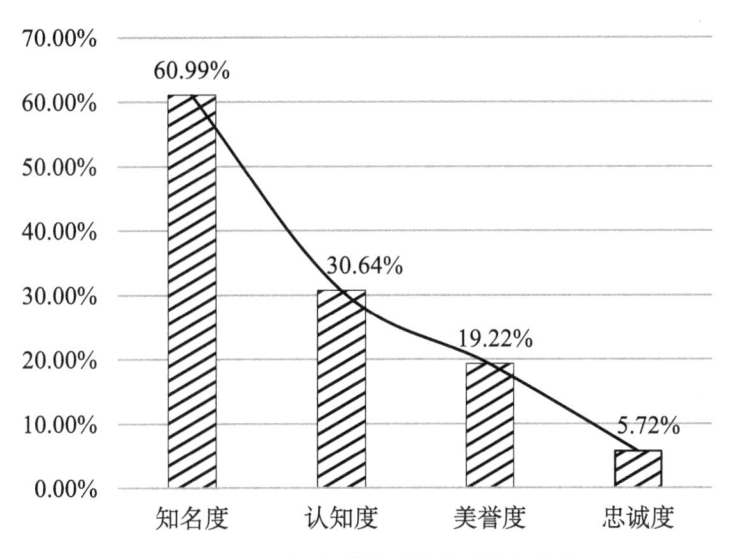

图 5-28　宝源老醋坊品牌省内指标结构

第二十九节　汾阳王

一、汾阳王品牌简介

汾阳王酒品牌隶属于山西汾阳王酒业有限责任公司（以下简称"汾阳王酒业"），沿用传统"地缸发酵，缓火蒸馏，陶缸储存"的方法，专注于不断提高产品品质，酿就清雅醇正、绵甜爽净、余味悠长的酒中精品。2006年汾阳王酒传统酿造工艺被认定为山西省非物质文化遗产。

汾阳王酒业集科研、生产、销售为一体，其主导品牌汾阳王、梦回大唐、相国宴有 120 余种产品，畅销全国各地。多年来，汾阳王酒业荣获"三晋老字号""全国守合同重信用企业""中国酒业最具成长性企业""山西省百强民营企业""山西省农业产业化先进龙头企业""山西省质量信誉 AA 企业""山西省企业文化建设先进单位"等称号。汾阳王注册商标被评为"中国驰名商标"，汾阳王、梦回大唐注册商标被评为"山西省著名商标"。

二、汾阳王品牌的基础指标与分析

汾阳王品牌的基础数据，如表 5-29 所示。

表 5-29 汾阳王品牌的基础数据

指标范围	知名度（%）	认知度（%）	美誉度（%）	忠诚度（%）	品牌信息总量估值（万比特）
山西省内	60.07	27.53	17.19	5.68	170756.0885

由表 5-29 中的数据可知，汾阳王品牌在山西省内获得了极高的知名度，该品牌的知名度为 60.07%，根据国家标准，已非常接近知名度的第四个关键点 61.80%。这表明汾阳王在山西省内享有超高的人气，已家喻户晓，品牌的消费者知晓基础非常雄厚，具有了良好的认知基础；但是汾阳王的品牌认知度并不理想，只达到了 27.53%，与知名度的比值也只达到了 45.83%，未达到理想阈值 50%。尽管此认知度在品牌基础指标数据中尚属于可接受的范围，但对汾阳王 60.07% 的高知名度来说，这一认知度明显偏低，说明汾阳王前期的营销活动没有注重向消费者传达关于品牌更为深层次的信息，如品牌 LOGO、品牌内涵、品牌价值观等，这在一定程度上会影响今后的品牌延伸，不利于品牌规模化发展。

汾阳王的品牌美誉度为17.19%，获得了良好的消费者口碑，山西省内的消费者对汾阳王品牌的产品比较认可，品牌具备了基本的自传播能力以及大规模营销的基础。从品牌认知度和美誉度二者的关系来看，美誉度低了认知度10个百分点之多，表明消费者对汾阳王品牌的认知并没有充分转化成高美誉度。汾阳王的品牌忠诚度也只有5.68%，明显偏低，尽管已经出现了少量的重复购买现象，但是品牌美誉度向品牌忠诚度的转化不充分，消费者的重复购买率还很低，在山西省内部分地区产生了消费者偏好，但是大部分地区并未形成固定的消费人群。

如图5-29所示，汾阳王品牌省内指标结构中的前三项指标，知名度较高，虽然认知度稍低，但指标间的结构还是能够对营销构成一定的支撑作用的，主要问题在于，品牌美誉度和忠诚度偏低，消费者的选择偏好或重复购买行为不明显。

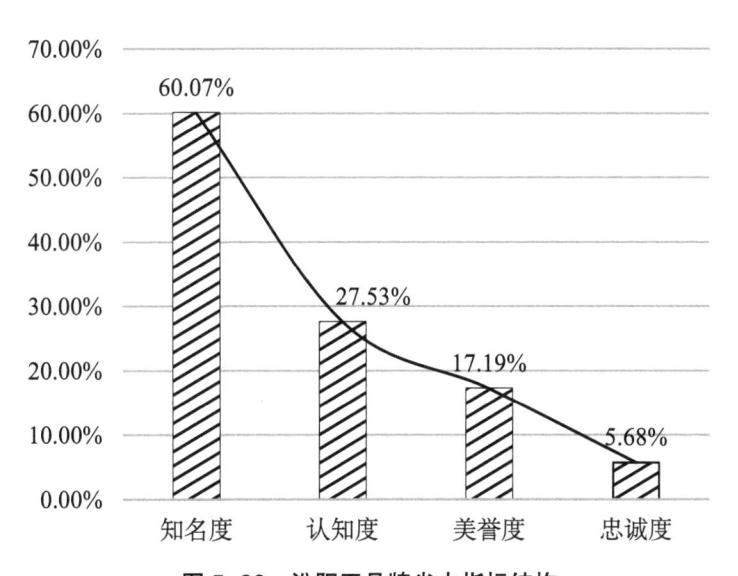

图5-29 汾阳王品牌省内指标结构

第三十节　福同惠

一、福同惠品牌简介

福同惠是运城市福同惠食品有限公司旗下品牌，距今已有200多年历史，是中华老字号企业和中国当代名商，主要从事糕点生产、食品馅料加工和副食品销售。企业现已通过生产许可认证和ISO9001-2000国际质量体系认证，荣获"全国商业联合会优质服务月活动先进集体""全国巾帼文明岗""山西省诚信单位""山西省职业道德建设先进单位""山西省工商系统百家企业打假维权先进单位"，"福同惠"商标五届蝉联"山西省著名商标"，产品获一个部优、一个"中国特色糕点"、一个全国首届食品博览会金奖，五个省优、八个省厅最佳产品等，馅料福香酥获全国"优质放心馅料奖"，南式细点制作工艺2007年被列为山西省非物质文化遗产保护项目。

二、福同惠品牌的基础指标与分析

福同惠品牌的基础数据，如表5-30所示。

表5-30　福同惠品牌的基础数据

指标范围	知名度（%）	认知度（%）	美誉度（%）	忠诚度（%）	品牌信息总量估值（万比特）
山西省内	54.70	25.91	17.29	5.19	280432.8911

由表5-30中的数据可知，福同惠的品牌知名度为54.70%，根据国家标准，远远超过知名度的第三个关键点37.50%，该品牌在山西省内拥有了较广泛的消费者认知，为高认知度的形成奠定了良好的消费者知晓的基础。在区域消费者范围内达到这一知名度，品牌已经成为有效的经

营工具。

福同惠的品牌认知度为25.91%,尽管未达到知名度的50%,但已占知名度的47.37%,表明福同惠前期的品牌宣传和传播取得了一定的效果,消费者不仅知晓该品牌,而且一定程度上熟悉其LOGO、品牌内涵,已具备进行品牌延伸的认知基础。

福同惠的品牌美誉度为17.29%,远远超过美誉度的第一个关键点1.62%。从美誉度与认知度的关系来看,美誉度与认知度的关系是二者比较接近为最佳,但福同惠的品牌美誉度与认知度指标之间有一定差距,说明品牌依靠产品品质或服务质量获得了良好的口碑,但从数据上来看,品牌认知度对美誉度的支撑作用并不充分。

福同惠的品牌忠诚度为5.19%,表明山西省内的消费者对福同惠品牌的系列产品已经产生了重复购买、多次购买的现象,但是品牌忠诚度显著低于其美誉度指标,消费者对福同惠品牌的正向口碑与重复购买率并不完全匹配,品牌在营销中的积极作用尚未完全发挥出来,需要进一步挖掘。

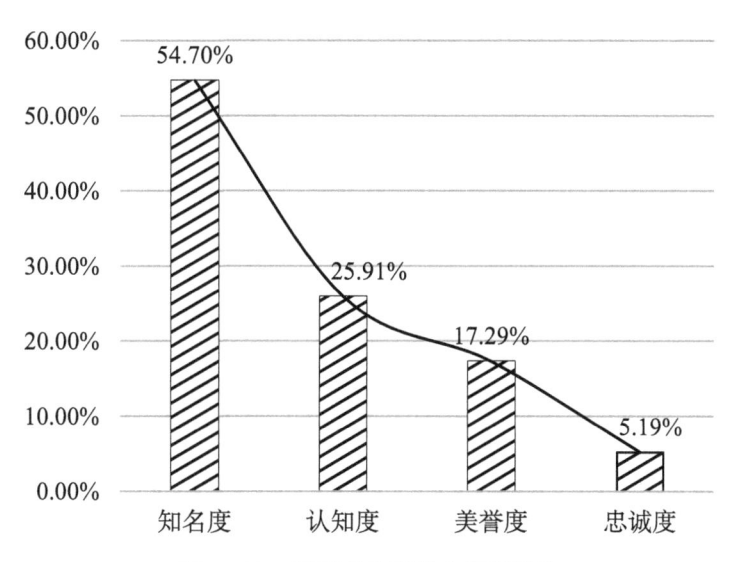

图 5-30 福同惠品牌省内指标结构

观察图 5-30，发现福同惠品牌的各项指标呈逐次下降的趋势，该品牌在山西省内比较有名，知晓该品牌的消费者比较多，使其知名度显著高于其他品牌基础指标，同时，消费者认知情况也比较好，尽管认知度并没有达到理想阈值，但已经属于可接受的范围。福同惠品牌美誉度较低，购买群体不足，可能与当地有较多的替代品牌有关。

第三十一节　泰山庙

一、泰山庙品牌简介

泰山庙，山西太原中华老字号，其代表性产品为糕点饼干。泰山庙创立于 1956 年，原属太原副食品市场的品牌。当年的太原副食品市场在全国各地设立收购、代购、代销的经营网点，广集省内外名特食品，是闻名全国的优质名特产品批发零售集散中心。1958 年实现公私合营，副食品市场建成时取而代之。20 世纪 90 年代，泰山庙被正式批准为注册商标。泰山庙品牌现为太原普得商贸有限公司注册商标。

二、泰山庙品牌的基础指标与分析

泰山庙品牌的基础数据，如表 5-31 所示。

表 5-31　泰山庙品牌的基础数据

指标范围	知名度（%）	认知度（%）	美誉度（%）	忠诚度（%）	品牌信息总量估值（万比特）
山西省内	47.18	16.57	16.43	4.16	134244.3824

由表 5-31 中的数据可知，泰山庙品牌在山西省内的品牌知名度为 47.18%，突破了知名度的第三个关键点 37.5%，表明在山西省内半数以上的消费者对泰山庙品牌较为熟悉，品牌具有了良好的消费者认知的基础。该品牌的认知度仅为 16.57%，其认知度和知名度的比值为 35.12%，略高于知名度的 33.33%，但显著低于最佳阈值 50%，品牌传播效果一般，认知度一般，表明泰山庙较高的品牌知名度令消费者对其耳熟能详，但对品牌的内涵缺少了解，其品牌的推广是缺乏效率的。

泰山庙的品牌美誉度为 16.43%，从美誉度与认知度的关系来看，品牌美誉度与其认知度十分相近，符合二者的理想比例关系，品牌认知度对美誉度的支撑比较充分，说明该品牌美誉度的形成主要来自消费者对品牌的产品或服务的深度体验。从忠诚度指标来看，泰山庙的品牌忠诚度明显偏低，只有 4.16%，表明该品牌口碑未能充分转化为重复购买率，消费者的重复购买与该品牌的口碑不匹配，品牌在营销中的作用并没有完全发挥出来。

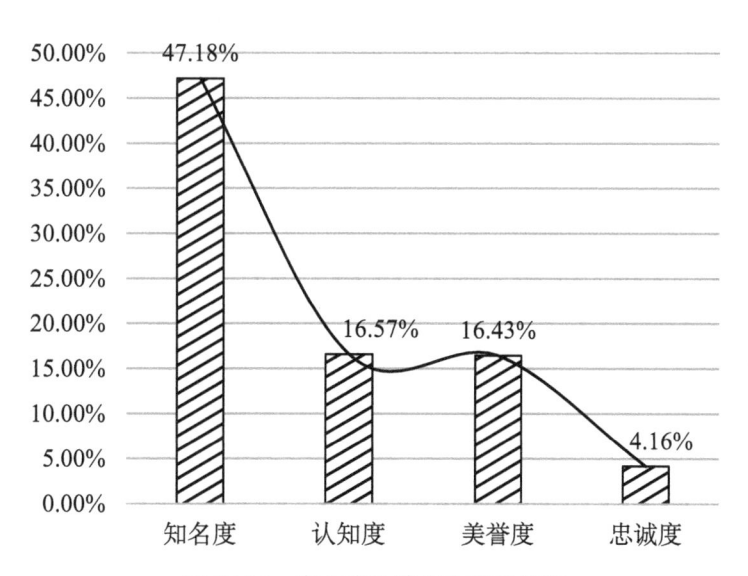

图 5-31　泰山庙品牌省内指标结构

由图 5-31 可知，泰山庙品牌省内指标结构较接近次优结构走势。泰山庙品牌的名气很大，在省内知名度比较高，消费者对品牌比较熟悉，但消费者对品牌的知晓未充分转化为对品牌产品的购买，也没有形成与知名度相匹配的品牌口碑，原因可能在于消费者对品牌不了解，缺乏认知，因此品牌对营销的支撑作用并不明显。今后泰山庙应注重提升消费者对品牌的认知程度和层次，这有助于品牌向良好的口碑转化，进而有利于品牌忠诚度向高美誉度靠拢，最终提高消费者的重复购买率。

第三十二节　晋唐

一、晋唐品牌简介

晋唐是山西糖酒副食有限责任公司旗下品牌。

山西糖酒副食有限责任公司是由原山西省糖酒副食公司于1999年整体改制而来的国有控股企业，是原国家国内贸易局命名的中华老字号企业，是山西省重点扶持的商贸流通企业。2001年通过ISO9001—2000质量管理体系认证。公司是以糖、酒、副食批发与物流配送为主，集连锁超市、宾馆餐饮、摄影扩放、生产加工为一体多元化经营的商贸流通企业。公司下设配销、糖业、进出口、盛唐汾酒经营、盛唐品牌开发、盛唐宾馆、盛唐超市、盛唐名酒名烟专卖店、仓储部、配送部、物业管理部多个分公司，以及盛唐图片社有限公司、盛唐商贸有限公司、盛唐酒业有限公司、盛唐汾酒专卖店、三江糖酒有限公司，平遥、寿阳国家储备糖库多个子公司。

二、晋唐品牌的基础指标与分析

晋唐品牌的基础数据，如表 5-32 所示。

表 5-32 晋唐品牌的基础数据

指标范围	知名度（%）	认知度（%）	美誉度（%）	忠诚度（%）	品牌信息总量估值（万比特）
山西省内	55.02	25.53	16.83	3.61	273393.1198

由表 5-32 中的数据可知，晋唐品牌在山西省内拥有极高的知名度，达到 55.02%，具有充分的消费者认知和联想的基础，会产生自传播现象，属于在山西省内具有大范围影响力的品牌；同时表明，品牌已经成为晋唐非常理想的营销工具，会给品牌经营业绩带来非常明显的积极影响。从其认知度指标来看，晋唐的品牌认知度为 25.53%，有相当一部分消费者对品牌的内涵是比较了解的；从认知度和知名度的比值（46.40%）来看，略低于理想阈值（50%），与其知名度相比，这一认知度指标略显不足，但已属于品牌传播效率和效果较好的品牌，具备一定的品牌延伸的基础。

晋唐品牌获得了 16.83% 的美誉度，山西省内消费者对该品牌的口碑评价比较理想。这一美誉度水平反映了晋唐品牌的产品在山西省各地的销量不错，消费者口碑较好，会发生品牌的自传播效应。

晋唐的品牌忠诚度只有 3.61%，明显过低。美誉度和忠诚度的关系是二者接近为最佳，但晋唐品牌基础指标美誉度远高于忠诚度，良好的口碑向消费者重复购买的转化不充分，消费者选择偏好或消费习惯不明显。

观察图 5-32 可知，晋唐的品牌知名度很高，但是其他三项指标较低，使得指标结构依次下降。问题首先在于，品牌美誉度低于其认知度，但其尚在可以接受的区间内；晋唐品牌经营的主要问题在于，品牌忠诚度过低，品牌美誉度未能较好地转化为重复购买率，消费者的选择偏好或消费习惯不明显。山西糖酒副食有限责任公司为晋唐品牌获得较高的口碑付出了很大的努力，但品牌的口碑并没有在营销中得到充分的体现，品牌要想进一步获得高质量发展需要变换品牌战略。

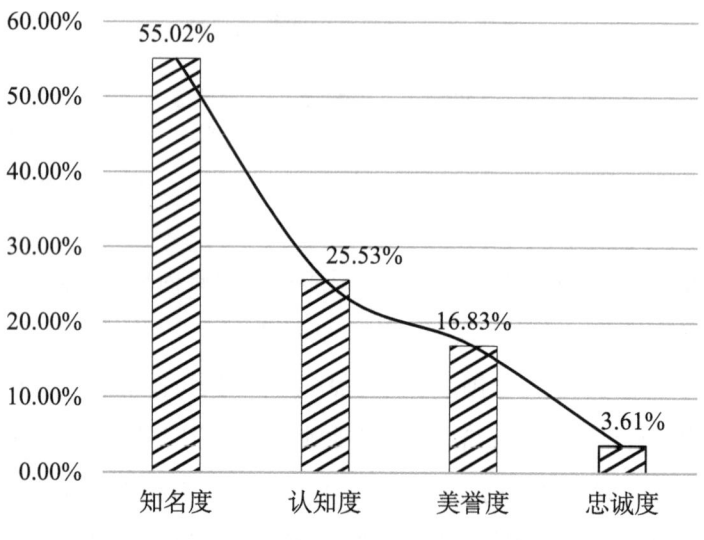

图 5-32　晋唐品牌省内指标结构

第三十三节　颐寿

一、颐寿品牌简介

颐寿是阳泉食品总厂有限公司旗下品牌。该公司是具有 60 多年历史的中华老字号企业，占地面积 10800 平方米，固定资产 2128 万元，有员工 440 人。公司下设阳泉颐寿华天早餐工程有限公司、阳泉颐寿豆香村食品有限公司、食品厂、乳品厂、饮料厂、酿造厂，是阳泉市政府为民办实事之放心早餐工程的具体承办单位，是山西省政府再就业示范单位。企业主导产品有"颐寿"牌中西糕点、月饼、枣泥，放心早餐、面包面点、休闲食品、豆制品，"北岭"牌老陈醋、酱油，"雪贝"牌系列饮料、乳制品，等等，年生产能力达 10000 吨，是阳泉地区国有食品综合加工企业。该公司的酥皮枣泥月饼荣获"山西省传统名饼"，公司被认定为"山西省放心食品生产企业"。

二、颐寿品牌的基础指标与分析

颐寿品牌的基础数据，如表 5-33 所示。

表 5-33 颐寿品牌的基础数据

指标范围	知名度（%）	认知度（%）	美誉度（%）	忠诚度（%）	品牌信息总量估值（万比特）
山西省内	42.98	17.59	15.74	5.46	171340.8541

由表 5-33 中的数据可知，颐寿的品牌知名度为 42.98%，在山西省内具有较高的知名度，具有一定的影响力，可以成为有效的营销工具，并且具备了大范围消费者认知和联想的基础，自传播现象开始显现。与较高的品牌知名度相比，品牌的认知度偏低，品牌认知度与知名度的比值为 40.93%，未能超过认知度的理想阈值 50%，但在可接受的范围内。颐寿品牌认知度的阈值反映出品牌信息内容在传播过程中效率偏低，消费者虽然对品牌比较熟悉，但对品牌内涵的认知还不够充分。

颐寿的品牌美誉度为 15.74%，与认知度相比差距不大，说明消费者对品牌的认知较充分地转化为对品牌的赞誉，但从绝对值来看仍偏低。品牌忠诚度指标为 5.46%，显著低于美誉度指标，表明颐寿品牌在省内消费者中的良好口碑未能充分转化为消费者的重复购买率，消费者的选择偏好逐渐形成但尚未达到理想状态。

观察图 5-33 所示的颐寿品牌省内指标结构发现，该品牌指标结构呈逐次递减趋势，品牌知名度较高，认知度略低于知名度的 50%，美誉度与认知度相近，整体来看前三项指标的结构关系是比较合理的，品牌在营销中的作用已比较突出，但品牌忠诚度过低，消费者的重复购买率不足，由此可见，阳泉食品总厂有限公司在前期品牌经营中为打响知名度做出一定努力，但是高品牌知名度和良好的消费者口碑目前并没有为品牌带来实际的回报，表现为：一是认知度阈值不理想，不利于后续的品牌延伸；二是品牌忠诚度较低，不利于保持品牌的长期优势。

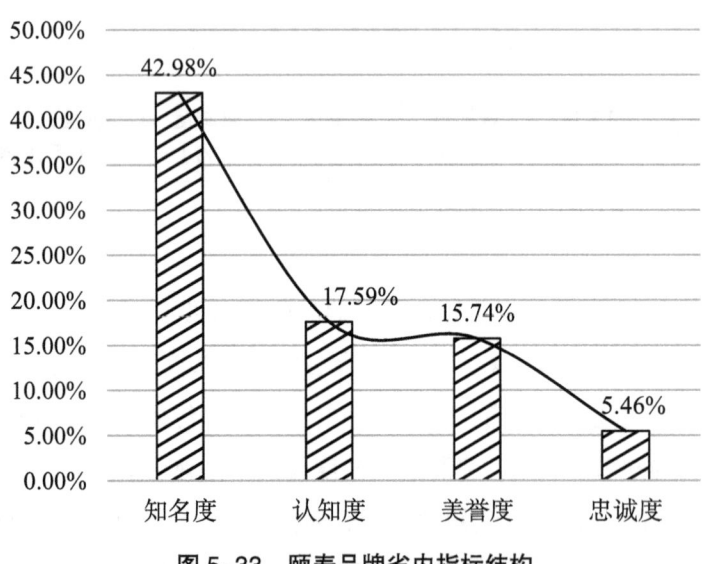

图 5-33 颐寿品牌省内指标结构

第三十四节　老香村

一、老香村品牌简介

老香村为太原市老香村副食有限公司旗下品牌，是太原市有名的老字号品牌之一，公司创建于 1927 年 3 月 1 日，坐落于太原市繁华的钟楼街闹市区。1981 年 7 月 1 日，"老香村"牌匾重新悬挂于店门中央。太原市老香村副食有限公司前身为老香村食品店，是有 70 多年历史的老字号商店。老香村食品店主营糕点、饼干，兼营烟酒、糖果、蜜饯、海味、罐头、小食品等 1000 多个品种。其中甜咸细点、京桃酥、蛋皮月饼分别在 1984 年和 1986 年被评为省优、市优，并获名特产品称号。

二、老香村品牌的基础指标与分析

老香村品牌的基础数据，如表5-34所示。

表5-34 老香村品牌的基础数据

指标范围	知名度（%）	认知度（%）	美誉度（%）	忠诚度（%）	品牌信息总量估值（万比特）
山西省内	48.04	24.45	14.87	3.09	210845.8375

由表5-34中的数据可知，老香村的品牌知名度为48.04%，突破了知名度的第三个关键点37.50%，表明老香村品牌在山西省内的传播范围较大，该地区有半数的消费者对该品牌是比较熟悉的，具备了良好的品牌认知度基础。

老香村的品牌认知度为24.45%，与知名度的比值为50.90%，超过了最佳阈值50%，表明老香村品牌的传播效果较为充分，认知度有效。山西省内的消费者对老香村品牌很熟悉，对品牌内涵也有一定的了解，其品牌传播的效果接近理想水平。

老香村的品牌美誉度为14.87%，表明老香村品牌在山西省内的消费者口碑作用逐渐凸显出来，在消费者之间的传播越来越广泛，消费者选择偏好越来越明显。这个阶段属于自传播效应的发生时期，在这一时期内的品牌极易发生品牌自传播骤增的现象，但是每个品牌的骤增点不确定。因此，太原市老香村副食有限公司可以关注社会热点，并且通过广告宣传以及相关活动、相关营销，促进品牌骤增点的出现并把握品牌骤增点的大小。

老香村的品牌忠诚度为3.09%，说明在山西省内，老香村品牌已经具有了一定数量的重复购买该品牌产品的消费者，只是重复购买率不高。就美誉度与忠诚度二者的比值来看，品牌忠诚度偏低，老香村的品牌美誉度并没有实现向高忠诚度的转化。

由图 5-34 可知，老香村品牌的山西省指标结构接近次优结构，缺点在于品牌忠诚度明显偏低，但除了美誉度与忠诚度的比例关系外，其他指标间的比例关系是比较合理的，尤其是品牌认知度已经超过了知名度的 50%，说明品牌营销效果是不错的。能够形成这一指标结构说明品牌的发展状况良好，品牌能对营销产生较大的促进作用，但由于品牌忠诚度偏低，品牌对营销的作用无法转化为现实的收益，需要引起品牌所属企业管理者的重视。

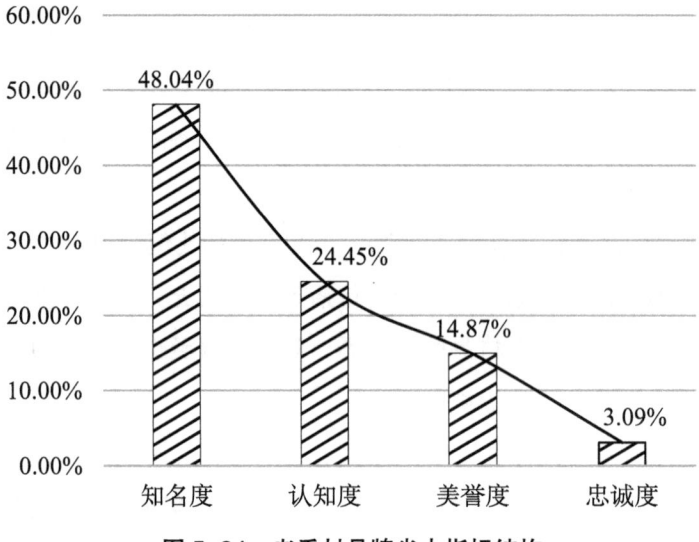

图 5-34 老香村品牌省内指标结构

第三十五节 云青

一、云青品牌简介

云青为山西云青牛肉股份有限公司旗下品牌。该公司是 1990 年乘改革开放的东风发展起来的股份制企业。其前身"源盛昌"肉店是平遥有名的百年老字号,加工的牛肉绵香可口,远近闻名。公司注册的"云青""成老大"商标是山西省的知名商标。

1995年被中国保护消费者基金会推荐为"消费者信得过产品";1996年荣获中国国粹精品博览会金奖、中国第三届食品博览会金奖;1998年被山西省经济贸易委员会山西省质量管理协会授予"山西省优质产品"称号;1999年被中国国际农业博览会授予"山西省名牌产品"称号;2002年通过了国际ISO9001—2000质量体系标准认证,并被山西省工商行政管理局评为"重合同守信用企业";2004年9月,顺利通过国家质量监督检验检疫总局食品生产许可证的颁证审查,领得"全国工业产品生产许可证"(QS)。

二、云青品牌的基础指标与分析

云青品牌的基础数据,如表5-35所示。

表5-35 云青品牌的基础数据

指标范围	知名度（%）	认知度（%）	美誉度（%）	忠诚度（%）	品牌信息总量估值（万比特）
山西省内	47.59	18.37	16.48	4.55	200618.9486

由表5-35中的数据可知,云青品牌在山西省内的品牌知名度为47.59%,在山西省较大范围内具有了稳定的影响力,已成为有效的营销工具。品牌知名度具有了良好的消费者认知的基础,然而该品牌的认知度还不够充分,仅为18.37%,品牌认知度和知名度的比值偏低,仅为38.60%,未达到认知度的有效阈值50%,该品牌较高的知名度令省内消费者对其耳熟能详,但对品牌的内涵缺少了解,品牌推广的效率不高。

云青的品牌美誉度指标相对较为理想,达到了16.48%,赢得了较好的消费者口碑。其品牌美誉度与认知度接近,基本符合二者之间的理想关系，说明云青的品牌认知度对美誉度的支撑比较充分，美誉度的获得主要来自消费者对品牌的产品或服务的深度体验。

从云青品牌的忠诚度指标来看，该品牌指标明显偏低，品牌美誉度和忠诚度二者接近为最佳，但云青省内品牌忠诚度只有4.55%，未能实现品牌的自传播能力向重复购买率的充分转化，消费者的重复购买与该品牌的口碑并不匹配。

由图5-35可知，云青品牌基础指标的前三项指标中，虽然认知度稍低但指标结构对营销还是有一定的支撑作用的，尤其是美誉度与认知度指标较为接近，品牌认知度为美誉度的形成与发展奠定了良好的基础，消费者对品牌的产品或服务也具有良好的深度体验。云青品牌的主要问题在于，品牌忠诚度偏低，消费者的选择偏好或重复购买行为不明显，原因可能在于与营销有关的其他方面影响了最终的销售，品牌本身问题不大。

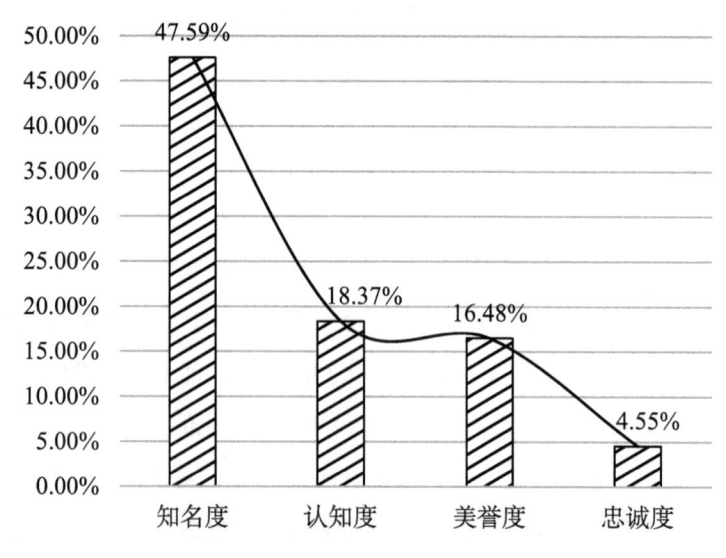

图5-35 云青品牌省内指标结构

第三十六节　龙筋

一、龙筋品牌简介

"龙筋"是平定县保康黄瓜干专业合作社旗下的黄瓜干品牌，是中华老字号品牌。

这种黄瓜干，皮肉翠绿，表面光洁、无皱，食时清脆味甜、外韧内脆、清香可口，以清脆、爽口、香醇味厚、食用方便受到人们的青睐。清朝时乾隆皇帝亲笔御批为"龙筋"，被定为进献皇宫的贡品。作为中华老字号品牌，平定黄瓜干从历史长河中走来，已经熔铸成带有地域色彩的一个独特符号，有着深厚的文化积淀和独特的文化价值。

二、龙筋品牌的基础指标与分析

龙筋品牌的基础数据，如表 5-36 所示。

表 5-36　龙筋品牌的基础数据

指标范围	知名度（%）	认知度（%）	美誉度（%）	忠诚度（%）	品牌信息总量估值（万比特）
山西省内	44.55	18.46	14.43	4.10	168909.2089

由表 5-36 中的数据可知，龙筋的品牌知名度为 44.55%，表明龙筋品牌在山西省较大范围内具有了稳定的影响力，品牌已成为有效的营销工具，并且具有了良好的消费者认知的基础。

龙筋的品牌认知度为 18.46%，尽管并没有达到知名度的 50%，但根据国家标准，显著超过了 33.33% 的阈值，说明在知晓龙筋品牌的消费者中，有相当一部分对品牌的 LOGO、内涵等是比较了解的，品牌推广的效果较好，鉴于认知度并没有超过知名度的 50%，今后的品牌工作内容应侧重于消费者对龙筋品牌更深层次的认识。

龙筋的品牌美誉度为14.43%，略低于美誉度，由此可知龙筋品牌获得了不错的消费者口碑，品牌认知度对美誉度的支撑比较充分，品牌美誉度主要来自消费者对品牌的产品或服务的深度体验，但从绝对值来看，品牌美誉度仍偏低。

龙筋的品牌忠诚度为4.10%，显著低于品牌美誉度，表明龙筋品牌的自传播能力未能充分向重复购买率转化，消费者的重复购买与该品牌的口碑并不匹配。品牌忠诚度低并不意味着品牌的销售不好，只反映出消费者的重复购买率低。

由图5-36可知，龙筋品牌省内结构呈逐次递减趋势，主要问题在于，品牌认知度稍低，品牌忠诚度过低。尽管品牌认知度稍低，但指标间的比例合理，还是能够对营销构成一定的支撑作用的。龙筋品牌的主要问题在于，品牌忠诚度偏低，消费者选择偏好或重复购买行为不明显。

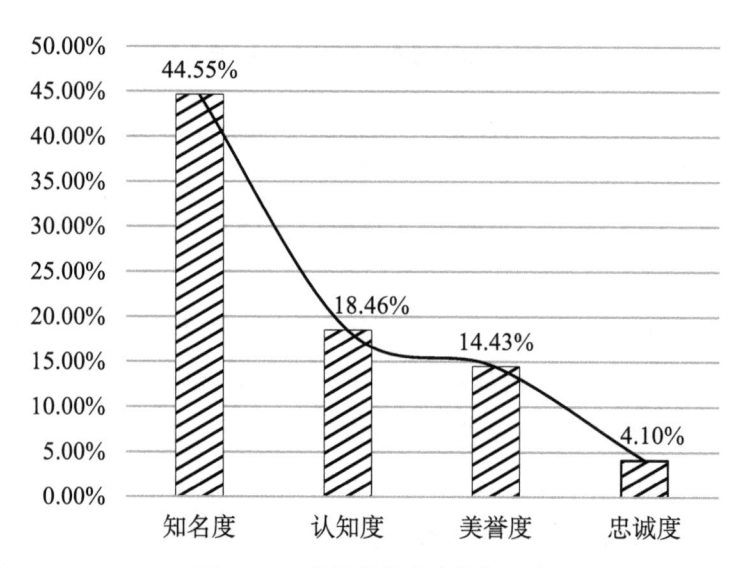

图5-36 龙筋品牌省内指标结构

第三十七节 乾和祥

一、乾和祥品牌简介

乾和祥是太原市果品茶叶副食总公司乾和祥茶庄的品牌，该店始建于1936年。1956年实行公私合营后，茶叶店从人员到经营品种都有了一定的发展，以诚招天下客为经营宗旨，不仅保证了茶叶的质量，而且茶叶的价格稳定，公平买卖，谦让祥和，童叟无欺，为顾客所信赖。因经营得当，乾和祥发展迅速，一时成为山西省规模最大的茶庄。

二、乾和祥品牌的基础指标与分析

乾和祥品牌的基础数据，如表5-37所示。

表5-37 乾和祥品牌的基础数据

指标范围	知名度（%）	认知度（%）	美誉度（%）	忠诚度（%）	品牌信息总量估值（万比特）
山西省内	53.81	19.02	17.98	6.21	239630.4197

由表5-37中的数据可知，乾和祥的品牌知名度为53.81%，在山西省内具有较高的知名度，消费者认知和联想的基础充分，会产生自传播现象，品牌已经成为乾和祥非常理想的营销工具，会给该品牌经营业绩带来非常明显的影响。

乾和祥的品牌认知度为19.02%，与知名度的比值为35.35%，略高于知名度的33.33%，表明乾和祥的品牌认知度一般，品牌传播效果不够充分。与品牌知名度相比，品牌认知度指标略显不足，将会影响乾和祥品牌的消费者联想，不利于品牌延伸。

乾和祥的品牌美誉度为17.98%，品牌获得了较高的知名度，消费者的口碑良好。这一美誉度水平反映出乾和祥的产品在山西省各地获得了良好的口碑，会发生品牌的自传播效应。从美誉度与认知度的关系来看，品牌美誉度略低于认知度，基本符合二者间的理想关系，说明该品牌的美誉度来自消费者对品牌产品或服务的深度体验，消费者对该产品的质量还是相当认可的，说明乾和祥是一个依靠产品品质或服务质量获得自传播能力的品牌。

乾和祥的品牌忠诚度为6.21%，品牌美誉度和忠诚度的关系是以二者接近为最佳，但乾和祥的品牌美誉度远高于其忠诚度，良好的品牌口碑向消费者重复购买的转化不充分，消费者选择偏好或消费习惯不明显。

由图5-37可知，乾和祥品牌山西省内指标结构近似次优结构，品牌知名度很高，认知度不及知名度的50%，美誉度与认知度接近，前三项指标基本能够形成对营销的有效支撑作用。乾和祥品牌的主要问题在于，品牌忠诚度偏低，重复购买率不足，消费者选择偏好或消费习惯不明显，虽然厂商为品牌获得较高的口碑做了很大的努力，遗憾的是品牌的好口碑在营销中未得到充分的体现。

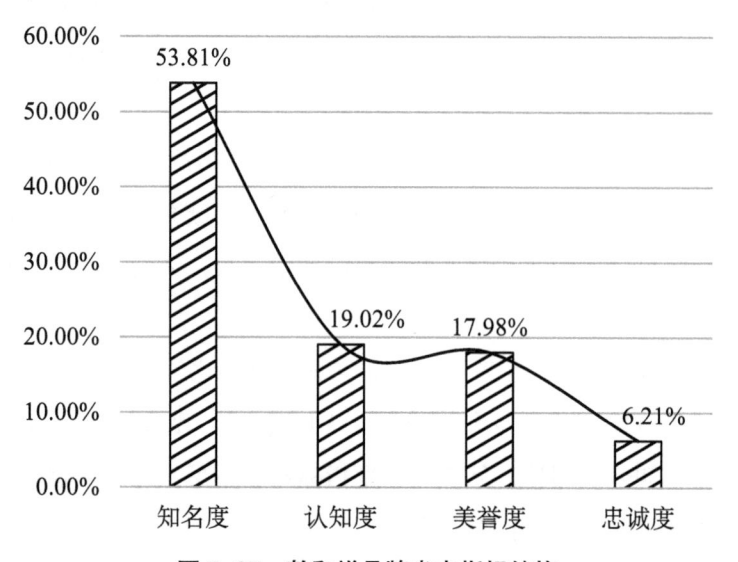

图5-37 乾和祥品牌省内指标结构

第三十八节　赵氏四味坊

一、赵氏四味坊品牌简介

赵氏四味坊是稷山县飞凯达食品有限公司旗下品牌，是山西省稷山县生产经营麻花的一家百年老店。赵氏四味坊生产的麻花是"稷山麻花"的代表，在当地由逢年过节采购的家庭珍品成了走街串巷的叫卖品，并延续至今，因其浓厚的企业文化底蕴被评为"中华老字号""非物质文化遗产"。

2006年在省文化厅和省非物质文化保护中心的鼎力支持下，赵氏四味坊麻花被山西省人民政府、山西省文化厅列为"省级非物质文化历史遗产"保护项目，在中国（山西）特色农产品交易博览会上荣获"畅销产品奖"。

二、赵氏四味坊品牌的基础指标与分析

赵氏四味坊品牌的基础数据，如表5-38所示。

表5-38　赵氏四味坊品牌的基础数据

指标范围	知名度（%）	认知度（%）	美誉度（%）	忠诚度（%）	品牌信息总量估值（万比特）
山西省内	43.21	21.39	14.92	3.03	178923.9965

由表5-38中的数据可知，赵氏四味坊的品牌知名度为43.21%，已经突破知名度的第三个关键点37.50%，但是与第三个关键点数值相近，这表明赵氏四味坊所做的相关宣传还未充分发挥作用。尽管43.21%的品牌知名度表明目前半数消费者已经能够准确地识别其广告和产品，但是赵氏四味坊的品牌知名度还有很大的提升空间。

赵氏四味坊的品牌认知度为21.39%，与知名度的比值为49.50%，已十分接近认知度的理想阈值50%，表明赵氏四味坊品牌的传播效果较为理想，具有了一定的认知基础，具备了品牌联想延伸的基本条件，可以进行品牌的延伸管理。

赵氏四味坊的品牌美誉度为14.92%，此时消费者的口碑作用逐渐凸显出来，赵氏四味坊在消费者之间的传播越来越广泛，消费者选择偏好越来越明显。这个阶段属于自传播效应的发生时期，在这一时期内的品牌极易发生品牌自传播骤增的现象，但是每个品牌的骤增点不确定，故稷山县飞凯达食品有限公司可以关注社会热点，通过对赵氏四味坊进行广告宣传以及相关活动、相关营销，促进品牌骤增点的出现并把握品牌骤增点的大小。

赵氏四味坊的品牌忠诚度为3.03%，尽管已出现消费者重复购买、连续购买的现象，说明其已形成良好正向的消费者口碑，且部分消费者口碑转化成了消费者的重复购买，对营销起到了一定的支撑作用，但无论是从其绝对值还是与美誉度的相对值来看均较低，赵氏四味坊品牌的忠诚度还有很大的提升空间。

由图5-38可知，赵氏四味坊省内指标结构呈现逐次下降的趋势，品牌在当地的知名度较高，消费者的认知水平较为理想，品牌影响力是非常大的，但美誉度和忠诚度指标与之相比则偏低了，品牌口碑及品牌重复购买率与品牌的影响力不相匹配，而且忠诚度明显过低，消费者选择偏好未能形成。总体来看，品牌在山西省内还是对营销产生了非常明显的支撑作用，今后发展的关键在于如何将现有的正向口碑充分转化为高重复购买率。

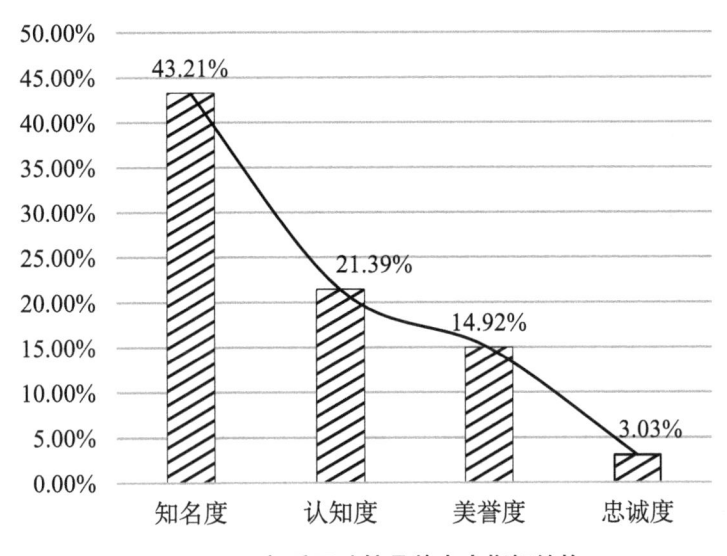

图 5-38　赵氏四味坊品牌省内指标结构

第三十九节　来福

一、来福品牌简介

来福是山西来福老陈醋股份有限公司旗下醋品牌。山西来福老陈醋股份有限公司位于素有"华夏第一醋"之称的醋都——清徐县城关。来福集团是中国调味品行业的大型企业之一。来福老陈醋系列产品秉承山西老陈醋创始人——王来福先师于 1644 年所创造的山西老陈醋的古老配方和传统酿造工艺。产品色泽浓郁、体态醇厚，口感酸、香、绵、甜、鲜，以正宗山西老陈醋纯正之品味闻名遐迩。

来福集团是山西省食品酿造行业中首家"国家标准化良好行为 AA 级企业"，也是山西省同行业中首家通过 ISO9001 国际质量体系认证、首批获得 QS 标志的企业。"来福""益首"系列产品多次荣获"山西省优质产品""山西省著名商标""山西省放心食品""山西省名牌产品""中国食品工业推荐品牌""山西省质量信誉 AAA 级企业"和"中国驰名商标"等荣誉和称号，同时获得"进出口食品卫生许可证""保健食品健字号"。

二、来福品牌的基础指标与分析

来福品牌的基础数据，如表 5-39 所示。

表 5-39　来福品牌的基础数据

指标范围	知名度（%）	认知度（%）	美誉度（%）	忠诚度（%）	品牌信息总量估值（万比特）
山西省内	50.76	23.17	17.52	4.02	249880.9298

由表 5-39 中的数据可知，来福的品牌知名度为 50.76%，突破了品牌知名度的第三个关键点 37.50%，此时的品牌表现为半数以上消费者对品牌已有一定的认知，此时品牌已具有对消费者选择偏好的影响力，其性质为有利的竞争工具，在竞争中的作用明显。

来福的品牌认知度为 23.17%，与知名度的比值为 45.65%，尽管未能达到认知度的最佳阈值 50%，但是超过了知名度 33.33% 的水平，达到了可接受范围。这说明来福的品牌内涵已在传播中比较准确地传达给了消费者，消费者对该品牌印象比较深刻，对品牌有较深的认知。

来福的品牌美誉度为 17.52%，获得了不错的消费者口碑，消费者对品牌所提供的服务是比较认可的。品牌美誉度来自消费者对品牌产品的深度体验，是依靠品牌的产品品质或服务质量获得的，来福品牌获得的美誉度非常有益于品牌自传播的发生。

来福的品牌忠诚度为 4.02%，忠诚度指标有效，来福品牌在山西省内已经具有了一定数量的重复购买者。品牌忠诚度显著低于品牌美誉度，美誉度未能充分转化为高品牌忠诚度，消费者的选择偏好不明显，重复消费习惯还未全面形成。

由图 5-39 可以看出，来福品牌除忠诚度指标外其余指标数据均较为理想，品牌在山西省内拥有较大的影响力，不仅消费者对品牌非常熟悉，而且品牌评价非常好，品牌对营销的支撑作用明显，但来福未能实现品牌美誉度向忠诚度的充分转化，导致品牌忠诚度偏低，重复持续消费该品牌产品的消费者数量偏少。

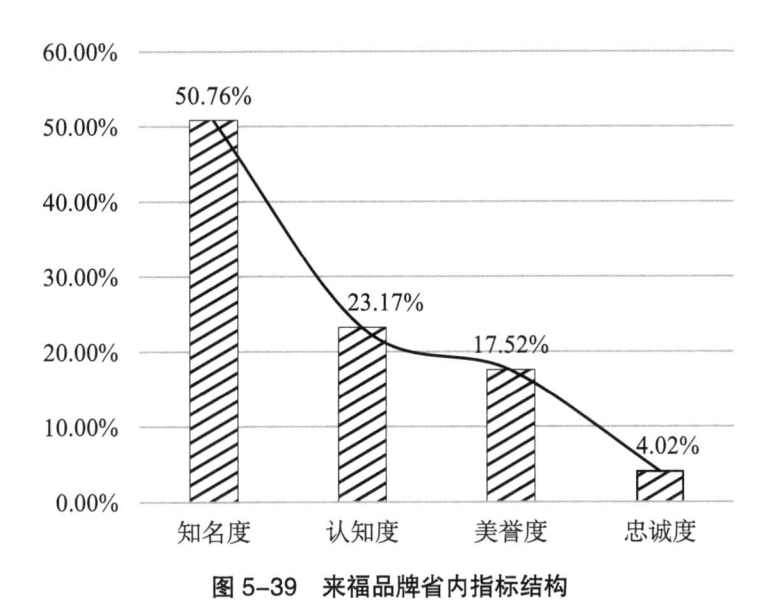

图 5-39　来福品牌省内指标结构

第四十节　郭国芳

一、郭国芳品牌简介

郭国芳是山西郭氏食品工业有限公司旗下品牌。山西郭氏食品工业有限公司是山西省最大的羊肉制品专业生产企业，现已通过 ISO9001 国际质量体系认证,并被山西省技术监督局认定为"山西省质量信誉AA级企业"。"郭国芳"商标被山西省工商行政管理局认定为"山西省著名商标"。"郭国芳"品牌系列产品被山西省名战略委员会认定为"山西省名牌产品"。公司生产的主要产品有郭氏羊汤、羊杂快餐、腊羊肉、五香羊肉四大系列、二十余个品种。

二、郭国芳品牌的基础指标与分析

郭国芳品牌的基础数据,如表5-40所示。

表5-40 郭国芳品牌的基础数据

指标范围	知名度（%）	认知度（%）	美誉度（%）	忠诚度（%）	品牌信息总量估值（万比特）
山西省内	52.59	23.89	15.52	4.48	236371.278

由表5-40中的数据可知,郭国芳的品牌知名度为52.59%,已经突破知名度的第三个关键点37.50%。突破这一关键点的品牌表现为,半数以上的消费者表示对郭国芳品牌非常熟悉,不仅认知程度深,而且能够辨识其LOGO,能够大致描述出其广告内容、品牌内涵或产品风格,产生了明显的消费者区隔。

郭国芳的品牌认知度为23.89%,与知名度的比值为45.43%,已接近理想阈值50%,说明郭国芳前期所做的广告宣传已充分转化为消费者的认知,但是转化的程度还不够深。该品牌虽然具有了一定的品牌联想度但有不足,尚不具备品牌延伸的基本条件,不过可以进行品牌的跨行业延伸尝试,此时郭国芳品牌也具有了对消费者选择偏好的影响力。

郭国芳的品牌美誉度为15.52%,已经突破了美誉度的第一个关键点1.62%,表明郭国芳在消费者中的口碑作用逐渐凸显出来,但是明显低于其品牌认知度，说明企业产品或者服务的整体质量还未能充分转化成正向传播口碑，郭国芳目前仍有非常大的品牌增长空间。

郭国芳的品牌忠诚度为4.48%。根据国家标准，忠诚度只要不为零即为有效，拥有4.48%的品牌忠诚度说明消费者已经对郭国芳品牌产品有了重复消费、多次消费，但是相比于美誉度指标数据，郭国芳的品牌忠诚度过低，表明山西省内消费者对该品牌产品的整体购买率并不高。

观察图5-40所示的郭国芳品牌省内指标结构发现，该品牌的山西省内指标结构近似次优结构，认知度不及知名度的50%，美誉度与认知度相对接近，前三项指标对品牌营销能构成一定的积极作用，但由于品牌忠诚度偏低，消费者选择偏好或消费习惯未能形成，为了维持品牌的可持续发展，郭国芳今后应重视提升消费者的重复购买率以优化品牌忠诚度指标数据。

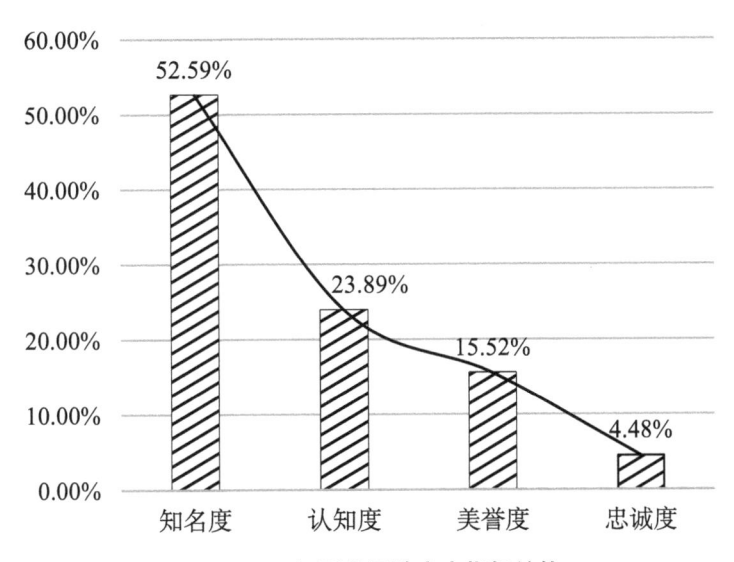

图5-40 郭国芳品牌省内指标结构

第四十一节　荣欣堂

一、荣欣堂品牌简介

荣欣堂，是中国首批重点保护品牌，也是消费者熟知的中华老字号品牌之一。荣欣堂主要生产太谷饼、孟封饼，其中荣欣堂太谷饼享有盛誉。

山西太谷荣欣堂食品始于1895年，距今已有130年的历史。山西荣欣堂食品有限公司在山西省太谷县，主营太谷饼。太谷饼古称"巴饼""甘饼"，随着当时晋商的谷帮而诞生、发展，是随晋商走遍华夏的食品。

二、荣欣堂品牌的基础指标与分析

荣欣堂品牌的基础数据，如表5-41所示。

表5-41　荣欣堂品牌的基础数据

指标范围	知名度（%）	认知度（%）	美誉度（%）	忠诚度（%）	品牌信息总量估值（万比特）
山西省内	55.98	24.05	19.30	3.70	307922.886

由表5-41中的数据可知，荣欣堂的品牌知名度为55.98%，突破了知名度的第三个关键点37.50%，此时消费者能够大致描述出品牌LOGO、广告内容、产品服务等内容。此阶段的品牌具有了竞争工具的属性，能够成为企业扩大市场份额的工具，并且作用较为明显。

荣欣堂的品牌认知度为24.05%，与知名度的比值为42.96%，未超过知名度的50%，说明品牌在前期做过的广告宣传或消费者之间的口碑作用部分转化为对品牌有利的传播效应，但仍有大部分消费者对该品牌了解不够深刻或未产生了解品牌的意愿。

荣欣堂的品牌美誉度为 19.30%，与品牌认知度较为接近，此时消费者对品牌的认知部分转化为品牌的正向传播，促进了品牌的发展，且对品牌有较深认知的消费者表现出对产品和服务较为满意。

荣欣堂的品牌忠诚度为 3.70%，相较于品牌美誉度，其忠诚度的数值非常低，说明品牌具有一定的魅力，使部分消费者转化为品牌的强偏好型消费者，但转化得并不充分，导致品牌口碑传播作用有限。

观察图 5-41 所示的荣欣堂品牌省内指标结构发现，荣欣堂作为中国首批重点保护品牌，知名度并不低，但山西省内的消费者对该品牌的认知程度不高，并且品牌忠诚度与美誉度差距较大，也处于低水平状态，这可能与品牌未做充分的广告宣传，只依靠消费者的口碑传播来扩大品牌影响力有关。

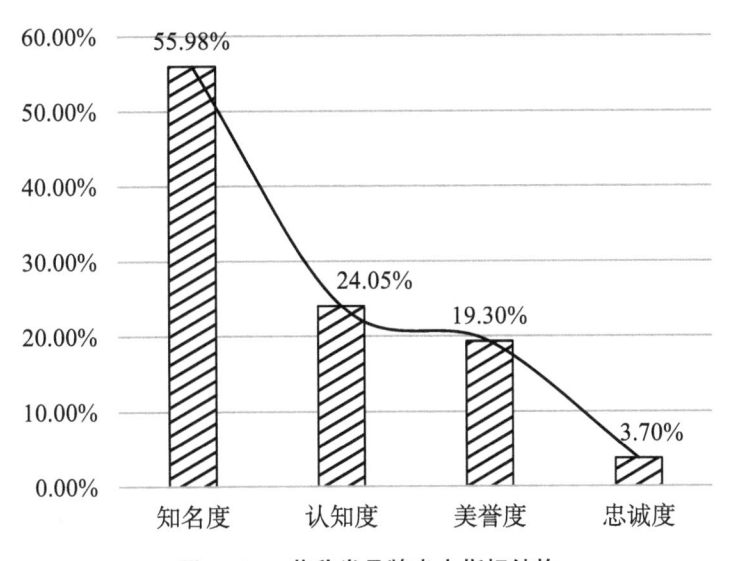

图 5-41 荣欣堂品牌省内指标结构

第四十二节　清和元

一、清和元品牌简介

清和元是山西省餐饮行业著名品牌，隶属太原市清和元餐饮管理有限公司（市属）。该公司坐落于太原市桥头街与大濮府相交路口的东北三角地带，以其历史悠久、制作精良、营养丰富和风味独特的地方名吃——"头脑"而誉满太原，并闻名省内外。

清和元头脑是用羊肉、羊髓、酒糟、煨面、藕根、长山药、黄芪、良姜八种食材混合煮成的不稠不稀的汤，故又称作"八珍汤"。在吃头脑时，还要佐以腌韭，作为药引。头脑实质上是一种用以滋补的医疗食品。羊肉、藕根、黄芪、良姜配合在一起，就组成了一剂温补而不腻、清薄而可口的药饵。

二、清和元品牌的基础指标与分析

清和元品牌的基础数据，如表5-42所示。

表5-42　清和元品牌的基础数据

指标范围	知名度（%）	认知度（%）	美誉度（%）	忠诚度（%）	品牌信息总量估值（万比特）
山西省内	46.50	18.78	18.36	4.57	127141.2192

由表5-42中的数据可知，清和元的品牌知名度为46.50%，突破了知名度的第三个关键点37.50%，突破这一关键点的品牌表现为消费者对品牌非常熟悉，认知程度深，能够辨识品牌LOGO，能够大致描述出其产品风格、广告内容等。此时品牌具有了竞争工具的属性，在竞争中作用明显。

清和元的品牌认知度为18.78%，与知名度的比值为40.39%，未超过知名度的50%，此时品牌表现为认知度一般，传播效果一般。品牌被更多的消费者知晓，但对品牌的知识和信息有更深了解的消费者数量仍较少，品牌没有获得更好的传播效果。

清和元的品牌美誉度为18.36%，突破了美誉度的第一个关键点1.62%，消费者的口碑作用逐渐凸显出来，正向传播效果明显。品牌美誉度基本与认知度持平，说明对品牌有充分认知的消费者几乎都变成了品牌的口碑传播者，消费者对该品牌的产品或服务相当满意。

清和元的品牌忠诚度为4.57%，说明有部分消费者转化成了强偏好型消费者，品牌的正向自传播能力未能充分转化为重复购买率。品牌的广告传播效果显著，但厂商能够从中获取的利益过少，长期如此可能会导致入不敷出。

观察图5-42所示的清和元品牌省内指标结构发现，该品牌的知名度和认知度之间存在较大的差距，认知度与美誉度基本持平，而品牌忠诚度相对较低，说明品牌广告的正向传播效果较好，但消费者对品牌的认知程度有限，要想将其转化为强偏好型消费者需要提升品牌硬实力。

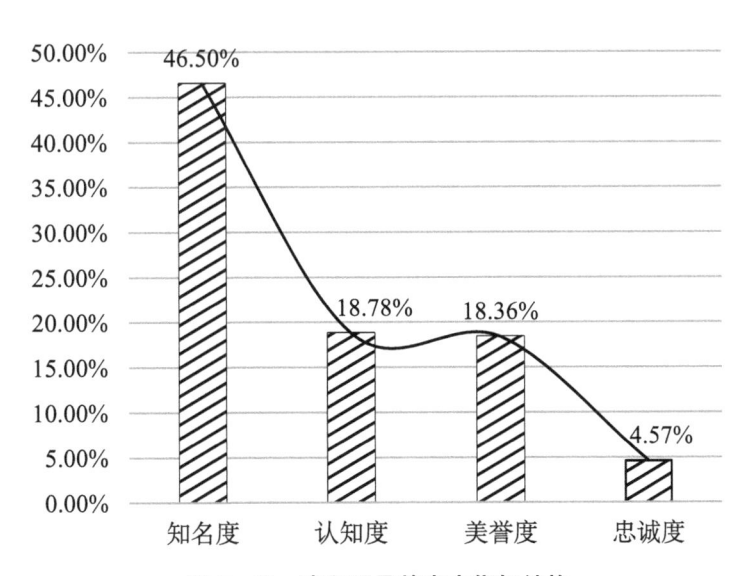

图5-42 清和元品牌省内指标结构

第六章

山西品牌资源特殊类型品牌个案分析

第一节 云冈

一、云冈品牌简介

大同云冈酒业有限责任公司生产的云冈黄酒，以晋北地区营养丰富的黍米制成，色泽棕黄、清亮透明、香气醇正、爽口舒适，风味十分独特。云冈黄酒在生产过程中一直遵循传统黄酒酿造方法，光是发酵就要6个月之久，其工艺流程包括浸米、蒸米、落缸、糖化发酵、加酒、养醅、压榨、煎酒、贮存等。大同云冈酒业有限责任公司的云冈酒酿造工艺被列入大同市第六批非物质文化遗产保护项目。

二、云冈品牌的基础指标与分析

云冈品牌的基础数据，如表6-1所示。

表6-1 云冈品牌的基础数据

指标范围	知名度（%）	认知度（%）	美誉度（%）	忠诚度（%）	品牌信息总量估值（万比特）
全国	52.93	29.02	18.86	6.07	311974.5073

由表6-1中的数据可知，云冈的品牌知名度为52.93%，突破了知名度的第三个关键点37.50%，此阶段的品牌表现为消费者认知程度较高，产生了明显的消费者区隔，并对消费者选择偏好具有了一定的影响力，成为有用的竞争工具，且作用显著。

云冈的品牌认知度为29.02%，阈值为54.83%，超过了知名度的50%，在此次山西品牌调研中处于非常优秀的水平。品牌在消费者之间具有非常高的认知基础，且传播效果充分，半数以上的消费者对该品牌的品牌理念、产品及服务等有了充分的了解。具有了较高认知度的品牌通常会有一定的品牌联想度，使品牌延伸成为可能。

云冈的品牌美誉度为18.86%，突破了美誉度的第一个关键点1.62%，消费者口碑作用逐渐凸显出来，且正向传播效应增强。品牌美誉度低于认知度，与认知度的差距较大，消费者对品牌内涵的认知没有充分形成对品牌的赞许或口碑，原因可能是消费者对品牌的产品品质或服务质量未达到满意，或有其他品牌的干扰。

云冈的品牌忠诚度为6.07%，说明有部分消费者成为该品牌的强偏好型消费者，但品牌忠诚度明显低于美誉度，说明消费者对该品牌的正向认知没有充分转化为消费者的重复购买。山西省拥有杏花村、竹叶青、汾酒等全国知名酒品牌，不仅在全国范围内竞争激烈，在省内竞争也非常激烈，这也可能是导致云冈的品牌忠诚度不高的原因之一。

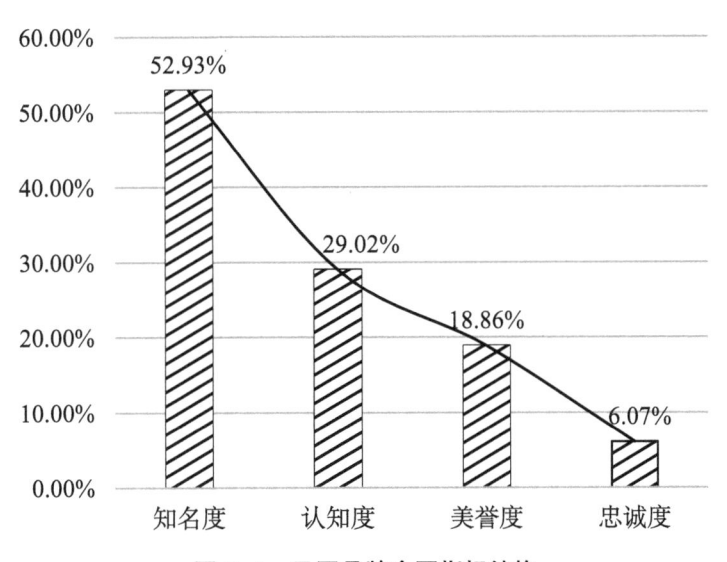

观察图6-1所示的云冈品牌全国指标结构发现，云冈的指标结构呈现

图6-1 云冈品牌全国指标结构

逐次下降的趋势，但知名度和认知度的比例相对较理想，说明品牌的广告宣传效果较明显。品牌美誉度与忠诚度偏低，说明虽然消费者知晓云冈这一品牌，但品牌未能得到大多数消费者的赞许，且消费者对品牌的认可程度偏低，需要品牌在公共关系活动方面加大投入力度。

第二节　太钢

一、太钢品牌简介

太钢为山西漪汾饮料食品有限公司旗下品牌，是山西省三晋老字号品牌。

山西漪汾饮料食品有限公司原名"太钢汽水厂"，始建于1953年，是山西省建设最早、规模最大的碳酸饮料生产基地。1997年以前专为太钢高温一线工人生产防暑降温饮料。1998年与市场经济接轨，以"立足太钢，面向社会"的指导方针步入自主经营、自负盈亏、自我发展的新机制。2004年作为山西省首家国有大中型企业实行主辅分离、辅业改制的试点单位，经政府批准、工商注册，正式组建为多元化投资的股份制企业。

山西漪汾饮料食品有限公司认真执行国家食品行业的法律法规，严格管理，标准化操作，在2005年成为山西省首批通过国家QS认证的饮料食品生产企业，2007年获得"山西省著名商标"和"放心水"称号，通过了ISO9001质量管理体系认证和食品质量安全认证，并被中国人民解放军总后勤部确定为首批"给养应急保障动员入选企业"。

二、太钢品牌的基础指标与分析

太钢品牌的基础数据，如表6-2所示。

表 6-2　太钢品牌的基础数据

指标范围	知名度（%）	认知度（%）	美誉度（%）	忠诚度（%）	品牌信息总量估值（万比特）
全国	52.23	19.90	18.80	3.75	201950.145

由表 6-2 中的数据可知，太钢的品牌知名度为 52.23%，突破了知名度的第三个关键点 37.50%，此时品牌具有了较为充分的消费者认知和联想的基础，半数以上的消费者不仅能够辨识品牌 LOGO，而且能够大致描述品牌风格、产品特征、广告宣传等内容，产生了明显的消费者区隔。

太钢的品牌认知度为 19.90%，阈值为 38.10%，未达到知名度的 50%，品牌具有较为充分的消费者认知基础，品牌管理的重心可以从广告宣传转移到公共关系活动上，从而促进品牌美誉度的形成和发展。

太钢的品牌美誉度为 18.80%，与认知度较为接近，说明对该品牌有充分认知的消费者较为充分地转变成了品牌的口碑传播者，证明消费者对该品牌的产品或服务很满意，并愿意向他人推荐。太钢品牌美誉度已经突破了美誉度的第一个关键点 1.62%，此时的品牌一般会出现品牌自传播现象，品牌口碑溢出效应逐渐明显。

太钢的品牌忠诚度为 3.75%，相比于品牌美誉度，品牌忠诚度明显不足，品牌自传播能力无法向重复购买率转化，厂商无法通过品牌口碑在营销中获得相应的收益。

观察图 6-2 所示的太钢品牌全国指标结构发现，品牌知名度与认知度之间的差距较大，美誉度与认知度接近，说明品牌的广告宣传的正向效应不显著，但品牌自身的产品品质、服务质量等受到了对品牌认知程度高的消费者的赞许。品牌忠诚度过低，说明品牌未能凸显自身的独特性，仅有少数消费者成了品牌的强偏好型消费者。

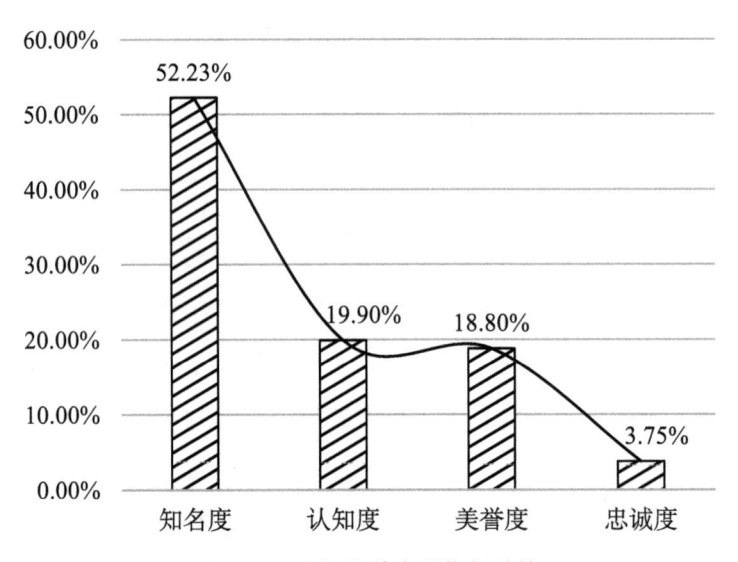

图 6-2　太钢品牌全国指标结构

第三部分　总体评价篇

第七章

全国调研品牌的各项指标汇总、排序及解读

第一节　指标汇总

本次面向全国和山西省内调研的品牌共计 88 个，本报告对其中具有代表性的 54 个品牌进行描述分析，包括 10 个全国范围调研的中华老字号品牌、42 个山西省内调研品牌以及 2 个特殊品类品牌。首先，本报告依据全国调研数据对 54 个品牌的知名度、认知度、美誉度、忠诚度进行了精确的测算；其次，运用品牌信息量计量模型计算出每一个品牌包含的信息总量，体现了各品牌在全国或山西省内的品牌影响力。表 7-1 所示品牌为 10 个全国范围调研的中华老字号品牌，按照品牌信息总量估值由高到低排序，指标汇总包括了两个部分指标的汇总情况。

表 7-1　全国调研品牌资源基础数据汇总

序号	品牌名称	知名度（%）	认知度（%）	美誉度（%）	忠诚度（%）	品牌信息总量估值（万比特）
1	杏花村汾酒	71.49	36.24	27.31	8.09	741756.1052
2	六味斋	65.71	37.84	19.64	4.56	466749.1806
3	冠云牛肉	62.12	32.50	21.33	4.02	442833.9743
4	晋泉	56.42	34.20	16.70	5.61	324164.6492
5	东湖	59.82	23.22	17.37	4.11	292471.9636
6	古灯	58.39	24.52	16.93	5.08	285982.5236
7	双合成	46.50	23.19	19.86	3.64	258946.6299
8	益源庆	49.76	22.99	17.77	3.76	247311.7921

第七章　全国调研品牌的各项指标汇总、排序及解读

续表

序号	品牌名称	知名度（%）	认知度（%）	美誉度（%）	忠诚度（%）	品牌信息总量估值（万比特）
9	广誉远	54.25	34.77	19.64	14.22	177823.6656
10	老鼠窟	44.72	15.38	15.73	3.40	169392.6747

第二节　各项指标的排序及初步解读

一、规模分段解读

本次调研的54个山西省品牌都是在全国或省内较有影响力的品牌，包括中华老字号品牌、三晋老字号品牌，从表7-1所示的全国调研各品牌的信息总量可以看出，品牌之间存在着一定的差距，下面将根据调研数据分类范围进行比较分析。

在全国范围内调研的品牌中，没有出现微小品牌和小规模品牌，并且这10个品牌都属于中华老字号品牌，在全国范围内知名度较高。在10个品牌中信息总量超过超大规模标准（品牌信息总量超过19.863亿比特）的品牌有8个，分别是杏花村汾酒、六味斋、冠云牛肉、晋泉、东湖、古灯、双合成和益源庆；符合大规模标准（品牌信息总量在7.884亿比特~19.863亿比特）的品牌为老鼠窟和广誉远两个品牌。按照品牌在国内信息总量的规模（或称对消费者的影响力）大小，将这两种类型的品牌进行解读分析。

第一类品牌属于超大规模品牌，品牌信息总量超过19.863亿比特。其中杏花村汾酒信息总量排名第一位，为741756.1052万比特；六味斋信息总量为466749.1806万比特，排名第二位；冠云牛肉品牌信息总量为442833.9743万比特，排名第三位。杏花村汾酒作为中国传统名酒，是清

香型白酒的典型代表，因其酿造工艺精良，且历史悠久，曾被列入二十四史而一举成名，并远销海外，是中国最早的"国酒"。其品牌信息总量超过74亿比特，接近超大规模品牌最低阈值的4倍，更加凸显出杏花村汾酒在国内消费者中的高知名度、高认知度。六味斋是山西省著名的酱肉小吃，曾作为贡品进献清宫中，并享誉京师。冠云牛肉是山西省著名品牌，作为中华老字号品牌，也被评为"全国名产"，深受山西人民的喜爱。另外，排在第四、第五、第六位的分别是晋泉、东湖、古灯三个中华老字号品牌，分别为白酒品牌、醋品牌和调味品品牌，品牌历史悠久，产品品质极佳。排在第七、第八位的分别是双合成和益源庆两个中华老字号品牌，分别为月饼品牌和醋品牌，传统技艺精湛，深受国人青睐。

第二类品牌属于大规模品牌，品牌信息总量超过了7.884亿比特，此类品牌已经开始成为全国性的大规模品牌，在全国主要地区的信息量分布比较均匀，原产地区的优势变得不再明显，逐步褪去区域品牌的特征，品牌的目标消费者和其他消费者对品牌的认知程度的差异已不明显。广誉远作为中华老字号医药品牌，药品发展历史源远流长，广誉远定坤丹和龟龄集是国家非物质文化遗产，且已得到大量消费者的知晓和认知。老鼠窟主要拥有元宵制作技艺，发展历史悠久，技艺纯熟，受到消费者的广泛好评，并拥有众多的忠诚消费者。

二、基础指标的解读

基础指标包括知名度、认知度、美誉度、忠诚度4个对品牌进行描述的指标序列，本次报告严格依据国家标准对各个调研对象的各项指标进行了精确的测算，计算所得数据仅供分析参考使用。

在全国调研范围内的山西省10个品牌中，全部品牌的知名度都超过了知名度的第三个关键点37.50%，并有3个品牌的知名度高于知名度的第四个关键点61.80%，在全国范围内家喻户晓，这3个品牌分别是杏花村汾酒、六味斋和冠云牛肉中华老字号品牌，可以被称为高知名度品牌，具有了充分的消费者认知和联想的基础，半数以上的消费者表现出明显的选择偏好，此时品牌可以以维持知名度为目的，将品牌管理重心放在公共关系活动等促进美誉度形成和发展的内容上。超过知名度第三个关键点而未达到第四个关键点的品牌有7个，分别是晋泉、东湖、古灯、双合成、益源庆、老鼠窟和广誉远。知名度处于此阶段的这些品牌为半数以上的消费者所熟知，消费者不仅能够辨识其品牌LOGO，而且能够大致描述出品牌内涵、广告内容或产品风格，产生了明显的消费者区隔，且这7个品牌的认知度较高，具有了一定的品牌联想度，使品牌延伸成为可能。此时品牌在营销过程中成为有用的竞争工具，且作用明显，为品牌美誉度和忠诚度的形成和发展打下了良好的基础。

上述10个中华老字号品牌的美誉度都超过了美誉度的第一个关键点1.62%，消费者口碑作用逐渐凸显出来，消费者选择偏好也越来越明显，处于有效自传播效应发生时期。较高的认知度作为美誉度增长的基础，保证了品牌结构的相对稳定，减少了品牌危机发生的概率。当美誉度与认知度接近时，说明消费者在体验后对品牌的产品或服务相当满意，对品牌的正向口碑传播起到积极的推动作用，消费者成为品牌的口碑传播者，并向其他消费者推荐。

从忠诚度指标来看，全部的中华老字号品牌均获得了有效的品牌忠诚度，说明在全国范围内已经形成了一大批重复购买、反复购买品牌产品的消费者。品牌忠诚度普遍低于品牌美誉度，这说明消费者对品牌的赞许未能完全转化为对品牌的重复购买，在营销过程中厂商能够从中获得的收益受到一定的干扰，但这不能说明品牌不好或者发展现状堪忧，品牌忠诚度与品牌经营的产品种类息息相关，市场中同类可替代产品较多、产品不属于快消品等均有可能拉低品牌的忠诚度，因此，如何利用品牌这一差异化竞争工具，是决定未来品牌能否发展壮大的关键。

第八章

山西省内调研品牌的各项指标汇总、排序及解读

第一节 指标汇总

在本次调研品牌中，选取42个山西省内调研的代表性品牌进行个案分析。在排序位次的参照系上，由于品牌知名度、认知度、美誉度和忠诚度基础指标相互关联，不便于按照其中某一个指标的大小对各个品牌进行排序，本报告考虑到品牌信息总量涵盖品牌相关信息和内容较多且维度唯一，最终按照品牌信息总量估值由高到低排序，详见表8-1山西省内调研品牌资源基础数据汇总。

表8-1 山西省内调研品牌资源基础数据汇总

序号	品牌名称	知名度（%）	认知度（%）	美誉度（%）	忠诚度（%）	品牌信息总量估值（万比特）
1	宝源老醋坊	60.99	30.64	19.22	5.72	377045.2677
2	荣欣堂	55.98	24.05	19.30	3.70	307922.886
3	福同惠	54.70	25.91	17.29	5.19	280432.8911
4	晋唐	55.02	25.53	16.83	3.61	273393.1198
5	来福	50.76	23.17	17.52	4.02	249880.9298
6	乾和祥	53.81	19.02	17.98	6.21	239630.4197
7	郭国芳	52.59	23.89	15.52	4.48	236371.278
8	老香村	48.04	24.45	14.87	3.09	210845.8375
9	云青	47.59	18.37	16.48	4.55	200618.9486
10	赵氏四味坊	43.21	21.39	14.92	3.03	178923.9965
11	颐寿	42.98	17.59	15.74	5.46	171340.8541

续表

序号	品牌名称	知名度（%）	认知度（%）	美誉度（%）	忠诚度（%）	品牌信息总量估值（万比特）
12	汾阳王	60.07	27.53	17.19	5.68	170756.0885
13	龙筋	44.55	18.46	14.43	4.10	168909.2089
14	泰山庙	47.18	16.57	16.43	4.16	134244.3824
15	清和元	46.50	18.78	18.36	4.57	127141.2192
16	宝丰裕	86.30	51.36	42.47	3.42	61434.38731
17	梨花春	76.92	38.89	23.72	5.77	17164.71805
18	宝聚源	63.58	32.01	23.18	7.95	12356.04151
19	太原并州饭店	80.14	57.30	32.88	8.22	11722.82766
20	竹叶青	46.67	38.22	22.67	4.67	9754.36816
21	晋升	59.21	27.85	20.39	5.26	9240.551532
22	晋味美	63.69	31.84	15.92	6.37	8424.213376
23	胡氏荣茶	57.69	17.73	22.44	5.13	7990.224612
24	晋韵堂	58.23	27.00	17.72	3.16	7773.160911
25	认一力	69.80	32.88	24.83	6.71	6704.677462
26	晋善晋美集贤酒堡	52.29	32.24	15.03	3.92	6643.799709
27	潞牌	44.65	24.53	19.50	4.40	6245.791958
28	刘老醯儿	53.19	23.17	16.31	4.26	6126.219896
29	孙记包子	58.28	35.54	21.85	3.31	5787.368883
30	喜蓉	49.09	21.41	16.36	3.64	5472.215416
31	羊羔	44.90	21.09	17.69	4.76	5330.458753
32	白鸽	60.90	26.49	17.95	4.49	5112.71174

续表

序号	品牌名称	知名度（%）	认知度（%）	美誉度（%）	忠诚度（%）	品牌信息总量估值（万比特）
33	八义陶瓷	51.90	12.87	17.09	3.80	4955.170695
34	晋砖世家	47.13	21.02	13.38	5.10	4452.432927
35	乔家窑	52.38	5.90	17.69	3.40	4264.039848
36	恒宗	47.34	16.76	14.20	7.10	4259.351211
37	益泰永	49.66	22.45	18.37	3.40	4176.230871
38	林香斋	55.06	19.41	19.62	3.16	3839.71833
39	顺天立	54.05	21.62	20.27	6.08	3549.001156
40	牖见斋	47.83	13.25	15.53	4.35	3023.19286
41	复盛公	54.14	12.10	17.83	7.01	2833.978532
42	长祥圆	44.67	5.78	12.67	3.33	2781.747839

第二节 各项指标的排序及初步解读

首先，从知名度指标来看，山西省内调研范围的 49 个品牌的知名度都超过了知名度的第二个关键点 16.13%，其中，有 48 个品牌的知名度超过了知名度的第三个关键点 37.50%，7 个品牌的知名度超过了知名度的第四个关键点 61.80%。从知名度指标来看，处于相对劣势的是蔺泉品牌，其知名度为 32.67%，仅超过知名度的第一个关键点 16.13%，在山西省内调研范围的 49 个品牌中知名度排名垫底，品牌在营销推广上尚处于起步阶段，今后应加大宣传力度，增强山西省内消费者对该品牌的熟悉和了解。超过知名度的第三个关键点 37.50% 的品牌在此次山西省内品牌调研中所占比重为 97.96%，说明绝大多数品牌在全省范围

第八章　山西省内调研品牌的各项指标汇总、排序及解读

内享有一定的消费者知晓基础,具备形成良好的认知度的品牌发展能力。其中,比较具有代表性的品牌为宝丰裕和太原并州饭店,两个品牌的知名度均超过了80%,在山西省内知名度极高,此时品牌已经可以称之为高知名度品牌,在山西省内具有了充分的消费者认知和联想的基础,可以以提示型方式作为传播内容的主要手段,逐步减少广告类活动的密度,不需要在此方面投入过多的精力。

其次,从认知度指标来看,尽管绝大多数山西省内调研的品牌均获得了较为理想的知名度数据,但大部分品牌的认知度未能达到知名度的50%,即认知度的阈值没有超过理想阈值50%。当认知度占知名度的比重低于50%时,说明此阶段的品牌认知程度一般,传播效果一般。没有较高的认知度作为支撑,品牌一般不具有联想度,品牌延伸也将面临较大风险,对品牌的传播效应会产生极大的限制作用,不利于品牌的正向发展。此时品牌应该加大广告投入力度,对品牌进行更广泛的知识和信息传播,使消费者主动了解品牌,为品牌美誉度和忠诚度的形成和发展奠定基础。在认知度阈值超过50%的品牌中,获得超高知名度的宝丰裕和太原并州饭店品牌认知度占知名度的比重均超过了50%,认知度有效,品牌传播效果极为充分。

再次,从美誉度指标来看,所有品牌的美誉度均超过了美誉度的第一个关键点1.62%,处于有效自传播效应发生时期,极易发生品牌自传播骤增现象。从美誉度和认知度的关系来看,品牌美誉度与认知度持平或接近是品牌发展较好的状态,对品牌有充分认知的消费者变成了品牌的口碑传播者,并且消费者对该品牌的产品或服务相当满意。在此次山西省内调研的品牌中,绝大多数品牌的认知度略高于美誉度,实现了认知度向好口碑的部分转化,存在进一步提升的空间。部分品牌的美誉度超过了品牌认知度,实现了认知度向好口碑的充分转化。品牌美誉度高于认知度的品牌有八义陶瓷、乔家窑、林香斋、复盛公及长祥圆等品牌,说

明这些品牌进行了有效的品牌传播，当前很多品牌都创建了自己的宣传平台，向广大消费者宣传自己的产品或服务，消费者在看到这些宣传资料时，会在还未对品牌进行体验的情况下对品牌产生好感，从而出现品牌美誉度高于认知度的情况。值得注意的是，品牌美誉度相较于认知度不应该过高，美誉度比认知度过高的现象并非表明品牌发展实力和发展基础雄厚，因为从品牌结构上来看，没有充分认知度支撑的美誉度并不稳定。进入大众视野的品牌琳琅满目，如果消费者没有对某一品牌进行深度了解，非常容易忘记该品牌，并且如果看到其他对该品牌有负面评价的资料，刚刚积累的美誉度极容易流失，从而造成品牌结构的大幅变化，危害品牌结构的稳定性。有个别品牌的美誉度远远高于认知度，表明消费者是在熟悉品牌名称的基础上对其产生了正向口碑的自传播，但是认知度偏低，说明品牌在发展过程中不注重向消费者传达更为深层次的品牌信息，从短期来看，不会对品牌的发展产生不良影响，但是当市场中出现较多同类产品或做全国市场拓展时，没有坚实的认知基础会影响品牌的良性发展。

最后，从忠诚度指标来看，所有42个品牌均获得了有效的忠诚度，每个品牌都有其忠诚消费者支撑品牌的持续发展，但是品牌忠诚度普遍偏低，均为个位数，并且均低于品牌美誉度。品牌忠诚度相比于美誉度来说普遍偏低，导致这一现象的原因可能有：一是山西省内同类产品或服务在价格、质量等方面没有明显的差异，消费者无法从同类产品中做出最佳选择；二是山西省内品牌众多，以酒品牌为例，知名度较高的酒品牌即使类别相似，但不同市、县的消费者对各品牌的感知不同，认知也有差异，使品牌具有地域优势，即在某区域该品牌有大批的忠诚消费者，但在其他区域消费者数量有限。因此，整体来看，山西省内的各种类型和行业的品牌应结合自身特色，充分发挥品牌效应，打造差异性强、竞争力强的品牌，才能在众多品牌中脱颖而出，不断培育忠诚消费者。

第九章

共性问题及解读

第一节　基础指标的共性问题解读

一、多数山西品牌认知度明显不足且与品牌知名度的比例关系不协调

认知度的阈限范围不是独立存在的，即不存在脱离知名度而存在的认知度，只要品牌认知度达到知名度的40%即为有效。通过第四章、第五章和第六章对62个山西品牌的个案分析可知，多数品牌的认知度未能达到知名度的50%，并有部分品牌如胡氏荣茶、复盛公、乔家窑等的认知度未能达到知名度的33.33%，甚至有个别品牌如太原市解放百货大楼的认知度仅为0.41%，而知名度却高达73.62%。这些品牌的认知程度一般或不足，传播效果也不充分，说明多数消费者对品牌仅是知晓或有较浅显的认知，并未对品牌理念、产品风格、广告宣传进行深度了解，同时说明品牌并未重视加大宣传力度，或在宣传过程中未能捕捉到目标消费者，而只是"广撒网"但收效甚微，或是品牌的宣传方式与品牌风格不匹配，导致消费者无法理解品牌的产品或服务理念，潜在消费者不能被发掘，这些都会导致品牌认知度过低。仅只有高知名度的品牌结构是不健康的，知名度与认知度之间差距过大，极易流失对品牌产生兴趣的潜在消费者。

二、品牌认知度与美誉度之间的比例关系不协调

品牌认知度与美誉度接近对品牌发展是非常有利的，尤其是美誉度略高于认知度的情况是最好的，对品牌有深度认知的消费者会成为品牌的口碑传播者，消费者对品牌的产品或服务通常会相当满意。在本报告

涉及的62个品牌中,有部分品牌的认知度与美誉度之间比例失调。首先,晋味美、晋善晋美集贤酒堡这两个品牌的美誉度仅为认知度的50%,明显低于认知度,这一情况的出现说明消费者对品牌内涵的认知没有形成对该品牌的赞许或口碑,因消费者在体验品牌的产品或服务后未达到满意,或因其他品牌的干扰,使得消费者没有进入自传播的程度,也没有形成对销售有效的支持和促进作用。其次,胡氏荣茶、复盛公、太原市解放百货大楼、乔家窑、八义陶瓷、郝酥果、牖见斋、长祥圆、蔺泉等品牌的美誉度均明显高于其认知度,这是由于消费者对品牌认知不足却出现了大量的自传播现象造成的。这种现象在以前并不常见,但现代媒体对消费者的影响力是巨大的,尤其是当品牌利用自媒体来进行广告宣传时,这种自传播效应的效果更加显著。消费者受到类似自媒体的影响,在没有获得品牌体验的前提下,会出现次级自传播现象,从而出现品牌美誉度明显高于认知度的情况。从整个品牌管理来看,品牌美誉度高于认知度并不全然是坏事,但单纯从品牌结构来看,这些没有充足认知度支撑的品牌,美誉度也会非常不稳定且极容易流失,造成品牌结构的大幅度变化,若从品牌最优结构变为次优结构,甚至是逐次下降结构,品牌忠诚度也会因此受到非常大的影响,从而影响到厂商在营销过程中的收益,对品牌来说将会是很大的打击,所以品牌结构的稳定性是至关重要的。

三、品牌美誉度与忠诚度之间的比例关系不协调

在品牌最优结构中,各项指标数值点相连接是一条向上翘起的、微微打开的弧线,即美誉度略高于认知度,忠诚度略高于美誉度,充足的认知度支撑美誉度的发展,而美誉度也充分转化为品牌的重复购买率,此时品牌结构稳定,抗风险能力强,消费者接受品牌传播的内容和途径效率最高,品牌发展质量优良。在本报告涉及的62个品牌中,品牌忠诚

度均小于品牌美誉度，且个别品牌两项指标的差距非常大，如宝丰裕的美誉度为 42.47%，但忠诚度仅为 3.42%，这说明品牌虽然获得了较好的正向口碑，且在消费者之间的自传播较广泛，消费者选择偏好明显，但消费者对品牌的正向认知和传播未能充分转化为品牌的重复购买率，尽管厂商为提高品牌知名度、认知度和美誉度在广告宣传方面做出了极大的努力，进行了大量的投入，依旧未能在营销中获得预期的收益。

四、品牌忠诚度普遍不高的问题比较突出

根据国家标准，尽管品牌忠诚度不为 0 即为有效，但与较高的品牌美誉度相比，此次调研的品牌中，品牌忠诚度均较低。导致这一问题的原因可能有：一是山西省同类品牌之间性价比差异不显著，消费者在购买选择中不能决定将哪个或哪几个品牌作为主要选项，从而导致消费者不能成为某品牌的强偏好型消费者，而有可能是多个品牌的偏好型消费者；二是品牌创新性不足，导致消费者对品牌产品或服务的评价停滞不前，对每个品牌都有相似的赞许，所以品牌忠诚度未能有突出者，若某个品牌有了创新性的产品或服务，并符合消费者的期待，有极大可能性会使品牌美誉度更上一层楼，带动品牌忠诚度的增长，从而为品牌带来更大的收益。

第二节 全国数据品牌的共性问题解读

全国数据的 10 个品牌均是中华老字号品牌，且知名度均较为理想，尤其以杏花村汾酒知名度最高。百年中华老字号，历史悠久，有史可依。百年老字号传承精湛技艺，凝结了古代中国人的智慧，不仅是为了解决温饱问题，更是将食品、药品、工艺品精雕细琢为国之瑰宝，为后人带

来了无限福祉。中华老字号品牌不仅有传承精神,历经世间沧桑而不衰,更重要的是让后人铭记前人的艰苦奋斗,在艰难的环境中依旧可以创造出奇迹,这种百折不挠、勇往直前的工匠精神值得我们每个人敬仰和学习。本次调研的中华老字号品牌获得了较为理想的知名度,表明消费者对有历史文化底蕴支撑的品牌更为关注,有助于品牌的良性发展。

本次全国调研的中华老字号品牌共 10 个,占本次山西省中华老字号品牌数据调研的 1/3。作为中华老字号品牌,这 10 个品牌的品牌信息总量估值几乎都达到了超大规模品牌水平,老鼠窟的信息总量稍差,但也达到了大规模品牌的水准。这 10 个品牌的知名度都非常高,杏花村汾酒的知名度更是达到了 71.49%,属于在全国具有极高知名度的品牌。这 10 个中华老字号品牌的忠诚度普遍不高,这是山西省品牌存在的共性问题之一,这表明中华老字号品牌仍有非常大的提升空间,需要不断加强创新意识,传承的产品和技艺应该推陈出新,在保持中华老字号品牌的核心资源的同时,也要打破陈规,切勿故步自封。随着时代的发展,越来越多的年轻人开始关注老字号品牌,支持国货的呼声一浪高过一浪,这是老字号品牌崛起的重要时刻,抓住主要消费人群的注意力,就抓住了老字号品牌在新时代生存的命脉。

第三节 山西省内数据品牌的共性问题解读

省内调研中有 42 个品牌,其中有 13 个中华老字号品牌,且均达到了大规模品牌水平,其中影响力较大的有荣欣堂、福同惠、晋唐、来福、郭国芳等老字号品牌。这些品牌在省内的知名度均超过了知名度的第三个关键点 37.50%,但品牌认知度不足,并且忠诚度与美誉度的比例关系不协调。另外有29个品牌为三晋老字号品牌，在山西省内知名度很高，如醋品牌"宝丰裕"、餐饮品牌"太原并州饭店"、白酒品牌"梨花春"、餐饮品牌"认一力"等都突破了知名度的第四个关键点61.80%，可以称之为山西省内高知名度品牌。宝丰裕作为山西紫林醋业股份有限公司旗下的醋品牌，在全国范围内广受赞誉，在山西省内知名度更高，并且该品牌的认知度和美誉度均处于较高水平，说明山西省内的消费者对该品牌的品牌信息有较深的了解，该品牌进行了有效的广告宣传，产生了明显的消费者选择偏好，但该品牌的忠诚度仍有提升空间，其中原因可能是醋不属于快消品，并且山西醋品牌较多，可替代产品较多。三晋老字号品牌的认知度与知名度的比值良好，并且品牌美誉度都基本略低于认知度，说明消费者对品牌的认知未能充分转化为正向传播效应，需要品牌继续加强对产品和服务的宣传，尤其是对品牌的相关知识和信息的传播非常重要，有效的信息传播方式会使消费者对品牌印象更加深刻，结合品牌产品和服务的特性，量身定制品牌宣传广告。山西品牌，尤其是中华老字号品牌和三晋老字号品牌的知名度非常高，如果能够配合有效的广告宣传方式，消费者的认知程度一定能够有所突破，从而为企业持续发展积蓄全新的力量。

部分三晋老字号品牌的美誉度明显高于认知度，这一现象说明这些品牌在山西省内获得了部分消费者的赞许，但认知度严重不足，消费者未能主动或被动地了解品牌的相关知识和信息，这会造成消费者品牌印象不稳定，当消费者看到有关品牌的负面新闻时，会造成品牌美誉度急剧下降，从而导致品牌结构不稳定。由于这些品牌本身拥有的忠诚消费者并不多，美誉度下降会导致重复购买率的降低，负面影响将会接踵而至。因此，品牌方应该注重品牌认知度的提升，不能把重心完全放在品牌知名度的提升上，只有让消费者对品牌有了充足的认知，才能够使品牌形象扎根于消费者心中，不容易被动摇，从而保证品牌美誉度的稳定发展，品牌的忠诚消费者也会日益增多。迎合消费者的喜好并不需要品牌放弃自己的初心，而更多的是在产品和服务中找到品牌的独特性，开发出一片属于本品牌的"蓝海"。

第四节 特殊品类品牌的共性问题解读

本节对 2 个全国调研的特殊品类品牌的共性问题进行解读，按照品牌信息总量估值由高到低排序，如表 9-1 所示。

表 9-1 特殊品类品牌资源基础数据汇总

序号	品牌名称	知名度（%）	认知度（%）	美誉度（%）	忠诚度（%）	品牌信息总量估值（万比特）
1	云冈	52.93	29.02	18.86	6.07	311974.5073
2	太钢	52.23	19.90	18.80	3.75	201950.1450

太钢品牌是工业品牌向个人消费品品牌延伸的典型。太钢品牌是山西漪汾饮料食品有限公司旗下的品牌。山西漪汾饮料食品有限公司原名"太钢汽水厂"，始建于 1953 年，是山西省建设最早、规模最大的碳酸饮料生产基地。1997 年以前专为太钢高温一线工人生产防暑降温饮料。2004 年作为山西省首家国有大中型企业实行主辅分离、辅业改制的试点单位，经政府批准、工商注册，正式组建为多元化投资的股份制企业。太钢品牌的知名度较高，品牌认知度较低，未达到知名度的 50%，美誉度与认知度数值接近，忠诚度低于美誉度，所以太钢的品牌结构为逐次下降结构。尤其需要关注的是，太钢品牌的忠诚度非常低，与其较高的知名度

不匹配，造成这一情况的原因可能有：一是太钢曾进行大规模的广告活动，依靠高密度、高强度的广告传播，获得了很高的品牌知名度，对消费者选择偏好具有了一定的影响力，但这种结构类型的品牌往往在质量方面存在严重不足，"重广告，轻公关"的经营思想是出现这种品牌结构的主要原因；二是作为饮料品牌，同类产品众多，且质量无较大差异，如果没有向消费者传播产品独特性，很难在众多的品牌中脱颖而出。品牌须突出自身产品的独特性，且贴合当代消费者的购物心理，太钢品牌也可以探寻或创新品牌独特性，开拓产品市场，促进品牌重复购买率的增长，为品牌的持续稳定发展增加效益。

"云冈"牌黄酒由大同云冈酒业有限责任公司生产，云冈也是山西省大同市的一个区名，位于山西省北部。云冈黄酒属于有较高知名度的品牌，品牌认知度高，消费者对该品牌的知识和信息有深度了解，但品牌美誉度略低，品牌忠诚度不高，说明该品牌黄酒在产品质量、包装、口感等方面仍有较大的提升空间，部分消费者在购买该品牌的产品后未达到满意，这对品牌的发展具有较大的限制作用。黄酒源于中国且为独有，与啤酒、葡萄酒并称"世界三大古酒"，且在我国多个省份都有独特酿造的黄酒。黄酒一般分为三大派系：一是以绍兴黄酒为代表的江浙流派，二是以客家米酒为代表的客家流派，三是以孝感米酒为代表的湖北流派。云冈黄酒在全国范围内品牌忠诚度并不算高，分析其原因可能是云冈黄酒广告宣传充分，但消费者体验活动偏少，对品牌的认知仅停留在"听说"层面。

概要评述

本报告基于两组品牌分别在山西省和全国的调研数据，对山西省54个品牌的知名度、认知度、美誉度、忠诚度以及品牌信息总量进行测算、分析和评价后发现，目前山西品牌主要存在两个问题：其一，品牌指标之间比例不协调，体现在品牌认知度与知名度之间、认知度与美誉度之间以及美誉度与忠诚度之间的比例关系不协调，导致品牌结构不稳定，应该是品牌整体老化的结果，反映了山西省老字号品牌在新时代受到的冲击较大；其二，品牌忠诚度普遍较低，不利于品牌可持续、高效益发展，这一情况的出现应该是山西品牌整体对营销支持不足的结果，反映了新生代消费者对老字号的接受程度降低以及品牌竞争加剧的现状。为此，本报告提出以下品牌发展建议，助益山西品牌实力提升。

第一，加大品牌宣传力度。对已产生消费行为的消费者注重强化品牌宣传，精准定位品牌目标消费者，增强对潜在消费者的品牌宣传力度。对品牌所具有的元素重新组合，结合目标（潜在）消费者的消费偏好，或推出记忆点强的LOGO，或喊出朗朗上口的广告语，增强宣传效果。

第二，选择与品牌风格相匹配的宣传方式。宣传方式应便于理解、记忆品牌所售卖的产品和品牌所蕴含的服务理念。借鉴成功的品牌宣传案例，结合品牌自身特征，寻找适合的宣传渠道，提高品牌的宣传效率。

第三，注重提升品牌整体形象。提高品牌售前咨询、售中体验、售后维护质量，提高品牌基层服务满意度，提高消费者品牌体验感。产品品质和品牌宣传齐头并进，保持动态平衡，把握品牌美誉度的增长节奏，这对保持品牌忠诚消费者持续稳定增加具有强推动作用。

第四，准确识别市场需求变化，加强品牌创新意识。产品和技艺的传承应推陈出新，创新既需要符合当下消费者的购买偏好，更需要与品牌的基本理念相契合。创新的力量是无限的，但创新也是一把"双刃剑"，只有足够了解品牌，才能够创新出具有品牌独特性的经营模式。

第五，顺应新消费趋势变化，尝试品牌数字化转型发展。数字化已成为当前不可阻挡的趋势，消费者愿意以更简单、更直观的方式来了解品牌。新消费趋势下，品牌要迎合消费者的需求，但前提应是保留品牌自身的独特性。

结束语

《山西省品牌资源与发展状况调查报告（2021—2022）》由山西省品牌研究会、北京卓闻数据科技有限公司与北方工业大学经济管理学院协作，如期顺利完成。在三方共同努力下，报告体现出学术性和应用性两个方面的价值。本研究报告对山西省的54个老字号品牌进行了充分调研、定量分析以及全面、客观的解读，从数据层面对各个品牌的发展状况进行了剖析，给出了计算结果和经营建议，最后形成的山西省老字号品牌资源的整体发展状况分析报告，既有系统的分析，又有对品牌发展趋势的前瞻性预测，对于中华老字号、三晋老字号等品牌具有参考意义和应用价值。

本次调研基本上做到了数据来源真实可靠，各个品牌的经营数据均为样本数据，详尽地介绍了分析过程，未对任何一个数据做过调整和修改。

由于样本量大、时间紧迫、分析细节烦琐等原因，报告中难免有分析不到位的情况，欢迎广大读者批评指正。本次调研数据仅为各个品牌的质量现状分析，目的是对山西省老字号品牌资源及其发展状况进行总体分析，如企业使用本报告的数据作为决策参考，请联系本报告版权所有者单位。本报告只负文责，不负有依据报告而做的决策产生的相关结果的责任，敬请谨慎使用。

感谢诸位悉心阅读，并欢迎参加我们的研究，一起进步！

《山西省品牌资源与发展状况调查报告（2021—2022）》

课题组

2022年12月